만다라차트 실천법

MANDALASHIKO DE YUMEWA KANARAZUKANAU!
by Yasuo Matsumura
Copyright ⓒ Yasuo Matsumura, 2006
All right reserved.
Original Japanese edition published by FOREST Publishing Co., Ltd

Korean translation copyright ⓒ 2018 by SISAMUNHWASA
This Korean edition published by arrangement with
FOREST Publishing Co., Ltd., Tokyo
through HonnoKizuna, Inc., Tokyo, and BC Agency

이 책의 한국어판 저작권은 BC에이전시를 통해
저작권자와 독점계약을 맺은 시사문화사에 있습니다.
저작권법에 의해 한국 내에서 보호를 받는 저작물이므로 무단전재와 복제를 금합니다.

만다라차트 실천법

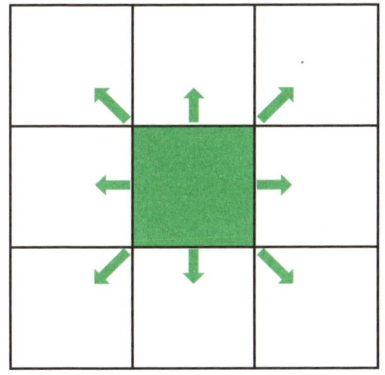

마츠무라 야스오 지음 | 한원형·조혜숙 옮김

시사문화사

프롤로그

당신은 왜 매번 목표를 달성하지 못할까

목표를 가지는 것만으로는 의미가 없다

아마도 당신은 이 말에 동의하지 않겠지요. 목표가 있어야 앞으로 나아갈 수 있다고 생각할 테니 말입니다. 하지만 한번 생각해봅시다. 매번 새로운 목표를 세우지만 얼마 안 가 시들해진 경우가 얼마나 많았던가요. 목표에 이르기까지의 여정이 너무나도 험난해 잠시 쉬어가려다 보면, 지금 내가 어디쯤 와 있나 하는 조바심도 들기 마련입니다. 아예 목표를 실현해본 적조차 없는 사람도 많을 것입니다.

   목표를 가지는 것은 중요합니다. 하지만 목표가 늘 뜬구름이나 공상에 지나지 않았던 사람도 많을 것입니다.

- 종이에 목표를 써넣는다.
- 목표 달성까지의 기한을 정한다.
- 단기·중기 목표를 세운다.

이는 모두 대단한 일입니다. 그러나 이것들을 모두 실천한다고 해도 성공했다고 말할 수는 없습니다. 왜냐하면 당신의 사고방법이 변하지 않았기 때문입니다. 목표를 정하고 그 한곳에 집중하는 것, 여기에 커다란 함정이 있다는 뜻입니다.

예를 들어볼까요? 당신이 비즈니스 영역에서 '경쟁력을 높이기 위해 2년 안에 토익 700점을 딴다' 라는 목표를 세웠다고 해봅시다. 이때는 그 목표가 달성되지 않으면 비즈니스 자체도 제대로 굴러가지 않으리라는 사고에 갇히고 맙니다.

또는 '가족을 중요하게 여긴다' 라는 목표를 세웠다고 해봅시다. 이 목표에 너무 집착함으로써 문제가 생길 수 있습니다. 항상 가족을 우선시해야 하기에 일이 후순위로 밀리고, 그러다 보면 직장에서 점점 뒤처지게 됩니다. 결국엔 '일이 잘되어야만 가족을 행복하게 할 수 있지' 라는 생각에 일에만 매달리게 됩니다. 애초의 목표와는 정반대 방향으로 달려가게 되는 거지요.

이처럼 목표를 세우고 그 한 가지에만 매달리다 보면 예상치 못한 부작용을 겪게 됩니다. 그 목표가 이뤄지지 않으면 다른 것들도 제대로 굴러가지 않는다고 생각하게 되기도 하고, 목표를 이루기 위해 도리어 반대 방향으로 치닫게 되기도 하지요.

제가 '목표를 가지는 것만으로는 의미가 없다'라는 말로 이 책을 시작하는 이유가 그것입니다. 한곳에만 집중하는 사고로 목표를 세운다면, 최종적으로 달성했건 하지 못했건 간에 그 목표를 통해 도달하고 싶었던 곳에 이르지 못한다는 뜻입니다.

목표를 달성하고, 스스로 행복을 느끼면서 인생을 즐기려면 어떻게 해야 할까요?

가장 중요한 사실은 균형 잡힌 목표를 설정해야 한다는 것입니다. 즉, 인생과 관련한 모든 요소에 목표를 세우고 전방위적으로 실천해가는 것입니다. 물론 모두 완벽하게 해야 한다는 생각은 버리고, 조금씩이라도 괜찮으니 모든 목표를 아우르는 것이 중요합니다.

저는 이것을 '9칸 발상, 만다라차트 사고'라고 이야기합니다.

만다라차트 사고는 중심핵이 있는 9칸짜리 매트릭스로 이뤄집니다. 제 이름 마츠무라 야스오의 영문 이니셜을 따서 'MY 만다라차트'라고 부르지요. 그렇다고 제가 어느 날 뚝딱 만들어낸 것은 아닙니다. 이 매트릭스는 오랜 역사와 깊은 의미를 가지고 있는

데 1,200년도 더 전에 부처의 제자들이 개발한 사고방법입니다.

MY 만다라차트를 사용해보면 상상을 초월하는 효과가 있음을 알 수 있습니다. 간단히 설명해볼까요? 먼저 '3×3'으로 된 9개의 칸이 있는데 그 중심에 당신을 둡니다. 그리고 중심을 둘러싸고 있는 8개의 칸에 인생과 관련한 요소를 넣어 각각의 목표를 세웁니다.

만다라차트 사고로 목표를 세우면, 각각의 목표가 교차해서 연결고리를 가지게 되므로 목표를 균형 있게 이루어갈 수 있습니다. 예를 들어 '일이 잘 풀리지 않으면 가족의 행복도 없어' 같은 생각을 하지 않게 되고, 따라서 일에서의 성공과 가족의 행복을 동시에 이뤄가게 됩니다.

정말 그런 일이 있을 수 있을까 의구심이 들기도 할 것입니다. 단순히 9개의 칸에 목표를 적었을 뿐이니까요. 하지만 만다라차트 사고는 지금까지 여러 나라에서 소개되어 큰 인기를 얻은 사고방법입니다.

특히 세계적인 창의력 전문가 마이클 미칼코(Michael Michalko)는 《아무도 생각하지 못하는 것 생각하기》라는 책에서 마인드맵에 견주어 'MY 만다라차트'를 소개했습니다. 마인드맵은 영국인 토니 부잔(Tony Buzan)이 개발한 사고방법으로, 중심에 주제를 두고 그와 관련한 것을 방사선상으로 써 내려가는 노트 기술입니다.

《아무도 생각하지 못하는 것 생각하기》에서 미칼코는 다음과 같은 고민을 가진 사람들의 해결책으로 만다라차트 사고를 소개하고 있습니다.

> ① 머릿속이 혼란스러워 정리가 되지 않는다.
> ② 대상에 집중할 수 없다.
> ③ 뇌 전체를 사용할 수 없다.
> ④ 과제의 구조를 세세한 부분까지 명확히 할 수 없다.
> ⑤ 동떨어진 각각의 정보를 연결할 수 없다.
> ⑥ 세부와 전체 양쪽 다 명확히 정리할 수 없다.
> ⑦ 무엇이 문제인지를 이해해 그것을 행동으로 연결하는 수단을 알 수 없다.
> ⑧ 문제 해결에 필요한 정보를 단기기억에서 장기기억으로 옮길 수 없다.

이러한 일들이 모두 만다라차트 사고로 해소됩니다. 만다라차트 사고로 목표를 세우면 칸의 중심에 서 있는 당신의 모습이 선명하게 보이고, 이를 둘러싼 8개의 목표가 정리되어 서로의 관계를 명확히 할 수 있기 때문입니다.

왜 균형 잡힌 목표가 중요한가

만다라차트 사고를 활용하면 목표를 균형 있게 세울 수 있습니다. 당신의 인생에 가치 있는 목표들을 분명히 하고, 그 목표를 향해 나아가는 과정의 충실감이 인생과 비즈니스를 풍요롭게 할 것입니다.

그렇다면 당신이 세운 목표를 실현하기 위해서는 무엇이 필요할까요?

강한 의지? 물론 필요합니다. 강한 의지를 가질 수 있다면 한곳에만 집중하는 목표를 세워도 달성할 수 있을 것입니다(달성 후 충실감을 얻을지는 장담할 수 없겠지만요).

그러나 대부분 사람에게는 목표를 향해 나아가면서 날마다 실천할 수 있는 도구가 필요합니다. 자기관리가 가능하고 매일 행동을 체크할 수 있는 것. 그렇습니다, 바로 수첩이죠. 누구나 최소한 한 권은 가지고 있는 그 수첩 말입니다.

지금까지 당신은 수첩을 어디에 활용해왔나요? 일정관리? 시간관리? 비망록?

수첩을 그 정도로만 활용해왔다면, 아마도 당신은 매일을 바쁘게 보내면서도 성과는 오르지 않고 시간에 쫓기기만 해 성취감이나 충실감을 느끼지 못했을 것입니다. 또는 수첩과 친해지는 데 지쳐 도중에 내던져버렸을 수도 있고, 수첩을 바꾸면 상황이 바뀔지도 모른다고 생각해 계속해서 수첩을 바꾸어왔을 수도 있습니다.

그런 상황이라면 이제 9칸 만다라차트 사고를 최대한 살린 '만다라차트 비즈니스 수첩 기술'을 만나보세요. 비즈니스만이 아니라 인생에 없어서는 안 될 요소를 균형 잡힌 목표로 설정하게 하고, 계속 실천할 수 있게 해주는 마법의 도구입니다.

이 책은 단순히 수첩에 대한 사용 설명서가 아닙니다. 이를 마법의 도구로 활용해 생각하는 방법을 익힌다면 도리어 수첩 자체가 없어도 효과가 있습니다.

먼저 책을 한번 쭉 훑어보십시오. 써넣어야 할 것이 많아 귀찮게 여겨질 것입니다. '요즘 같은 세상에 손으로 적어넣게 하다니 상당히 아날로그적이군' 하고 생각할 수도 있고요.

하지만 마인드맵 사고방법이 그러했던 것처럼, 만다라차트 사고 역시 IT나 광고 업종의 사람들에게 가장 먼저 주목받기 시작했습니다. 이들 첨단 분야에서는 어떤 컴퓨터도 인간의 뇌를 따라잡지 못한다는 사실을 알고 있기 때문이겠지요.

9칸으로 생각한다는 것은 인간의 뇌에 정보를 입력하는 가장 쉬운 구조이기도 합니다. 더욱이 자신의 손으로 직접 써넣기 때문에 목표를 향한 행동이 자연스레 뒤따르게 됩니다.

만다라차트 사고는 두 가지가 결합한 성공 도구입니다. 첫째는 시스템입니다. 인생과 비즈니스를 풍요롭게 하는 원칙을 실현할 수 있게 해주지요. 둘째는 매트릭스입니다. 첫 번째의 원칙을 살리기 위해 9칸으로 이루어져 있습니다.

인생과 비즈니스를 풍요롭게 하는 원칙

'인생과 비즈니스를 풍요롭게 하는 원칙' 이란 당신의 인생과 비즈니스를 생각하는 데 기본이 되는 사고방식입니다. 다시 말해 지침이자 판단 기준입니다. 원칙이 없다면 당신의 인생이나 비즈니스는 나침반 없는 항해와 같아서 항상 현 상태에 쫓기느라 여유를 잃고 맙니다.

원칙은 단순한 사용법이나 테크닉을 말하는 게 아닙니다. 최근 들어, 성공한 사람들의 수첩 또는 수첩 기술을 자주 접하게 됩니다. '이대로 하면 당신도 성공할 수 있다' 같은 광고 문구도 많습니다. 하지만 나고 자란 환경이나 재능이 저마다 다른데 누군가 성공한 방법을 따라 한다 해서 모두가 성공할 수 있을까요? 아마도 어려울 것입니다.

만다라차트 사고는 원칙을 필연으로 사용하게끔 프로그래밍된, 누구라도 쉽게 사용할 수 있는 사고방법입니다. 그 결과 원칙이 당신이라는 필터를 통해 당신만의 자기관리 기술을 생산해내므로, 당신만의 인생을 이끌어갈 수 있습니다.

당신 스스로 자신의 인생과 비즈니스를 디자인하여
당신 스스로 행동을 취하고
당신 스스로 자기관리를 하여
보다 풍요로운 인생과 비즈니스를 창조한다.

만다라차트 사고로 계획하는 것은 바로 당신 자신을 디자이너로 만드는 일입니다. 이를 '설계도'와 '공정표'로 이야기할 수 있는데요, 여기에는 전부 8개의 도구가 있습니다.

우선 설계도에 해당하는 '인생 목표'와 '비즈니스계획'이 있습니다. 이에 대해서는 제1장과 2장에서 다룹니다. 다음으로 공정표에 해당하는 '연간선행계획'과 '월간기획계획'이 있고, 이에 대해서는 제3장과 4장에서 설명합니다. 그리고 실제 행동에 해당하는 '주간행동계획'과 '일간실천계획'이 있으며, 이는 제5장과 6장에서 이야기합니다. 이어지는 제7장에서는 만다라차트 사고를 통해 영감과 아이디어를 얻는 방법을 소개합니다. 그리고 제8장에서는 만다라차트로 '인생백년계획'을 세우는 방법을 살펴보고, 마지막으로 제9장에서는 '만다라차트 비즈니스 수첩'의 다양한 사용 예를 보여줍니다.

이 새로운 자기관리 기술을 얻는다면 당신은 다음과 같이 변화할 것입니다.

- 목표를 생각하면 가슴이 설렌다.
- 균형 잡힌 사고와 행동을 한다.
- 자신을 들볶지 않고 여유롭게 일을 진행하기 때문에 좌절하지 않는다.
- 쫓기지 않기 때문에 훌륭한 생각들을 충분히 생산해낸다.
- 스스로를 체크하기 때문에 보다 나은 방법을 찾는 습관이 들어 자신을 성장시킨다.
- 인생과 비즈니스를 조화롭게 이끈다.

앞서 인생과 비즈니스를 풍요롭게 하기 위해서는 원칙이 중요하다고 강조했습니다. 여기서 원칙은 '사고방법'을 말합니다. 서점에 가면 '행복해지기 위한 사고'나 '성공하는 방법' 등을 서술한 책이 셀 수 없을 정도로 많습니다. 그러나 '사고', '방법'을 지식으로 얻는다 하더라도 매일 행동으로 옮기지 않으면 진정한 행복이나 성공은 얻을 수 없습니다.

  원칙을 당신의 일상에 확실하게 연결하여 행동으로 이어가는 사고, 그것이 만다라차트 사고입니다. 만다라차트 사고를 응용한 만다라차트 비즈니스 수첩 또한 단순히 일정관리 도구가 아니라 당신에게 최강의 파트너, 최강의 내비게이터가 될 것입니다.

  풍요로운 인생을 위해 지금부터 새롭게 한 걸음을 내디뎌볼까요?

| 차례 |

- 프롤로그 | 당신은 왜 매번 목표를 달성하지 못할까 005

제1장
만다라차트 사고로 **인생과 비즈니스의 목표**를 세운다

자기관리 기술로 인생과 비즈니스를 풍요롭게 한다 · 022
당신을 중심으로 한 '인생계획' · 029
인생을 여덟 가지 영역으로 나누어 목표를 세운다 · 032
인생에서도 특히 중요도가 높은 '비즈니스계획' · 040
당신의 비즈니스를 우뇌로 계획한다 · 042
뇌를 자극하는 데 효과적인 기입 방법 · 049

제2장
만다라차트 사고는 **자신과의 관계에서 시작**된다

세 청년 이야기 · 054
상호의존적인 사람이 성공한다 · 058
서양식 목표 달성 방법의 한계 · 064
동양인의 목표 달성 방법에 딱 맞는 만다라차트 사고 · 069

제3장
자기관리는 시간관리가 아닌
행동관리가 중심이다

하고 싶은 일과 해야 할 일을 먼저 기입한다 • 074
'연간선행계획'에 기입한 시점부터 행동이 시작된다 • 078
실제 행동을 관리하는 '월간기획계획' • 081
일정 우선이 당신을 활성화한다 • 084

제4장
계획은 기입해야만
중요성을 띤다

'긴급하지는 않지만 중요한 것'을 실천한다 • 090
본연의 모습으로 조언하는 사령탑 • 093
'Plan-Do-Check-Action'이 아니라 'Check-Action-Plan-Do'로 생각한다 • 095

제5장
9칸의 마법이
행동을 계속하게 한다

만다라차트 사고로 일주일을 생각한다 • 102
목표를 일주일에 완결하는 '주간행동계획' • 106
하루의 자기관리를 위한 '일간실천계획' • 109
하루의 행동을 체크해서 목표를 뇌에 각인한다 • 112

제6장
만다라차트 사고가
이 세상과 **당신의 마음을 구체화**한다

인간의 마음을 풀어낸 만다라차트의 비밀 • 116
만다라차트를 활용하지 않으면 해결할 수 없는 '이 세상' 과 '마음' 의 통합 • 128
만다라는 인간의 '뇌' 와 '마음' 을 연결한다 • 135

제7장
만다라차트 사고가
영감과 아이디어를 낳는다

'3×3의 9칸' 이 가지는 힘 • 144
만다라차트가 영감을 가져온다 • 146
만다라차트 사고와 세런디피티 • 149

제8장
만다라차트로
인생백년계획을 세운다

인생백년계획이 자아실현을 가능하게 한다 • 154
참된 성공은 인생 전체를 계획함으로써 그 모습이 드러난다 • 156
인생백년계획으로 새로운 당신을 발견할 수 있다 • 161

제9장
나의 만다라차트
비즈니스 수첩

나의 인생계획: 나카지마 마사오 • 168
나의 만다라차트: 아카즈카 요시히데 • 170
나의 만다라차트: 오타 가쓰히사 • 172
나의 비즈니스계획: 고메다 쓰기오 • 174
나의 비즈니스계획: 야마자키 후미요 • 176
나의 월간기획계획: 다무라 가즈오 • 178
나의 월간기획계획: 이노우에 다케시 • 180
나의 주간행동계획: 다케자와 노부유키 • 181
나의 주간행동계획: T · Y • 182
나의 주간행동계획: 사토 히토시 • 184

- 에필로그: 행동하면 꿈은 반드시 이루어진다! 185
- 감사의 글 188
- 만다라차트 수첩에 대한 찬사 190
- 부록 195

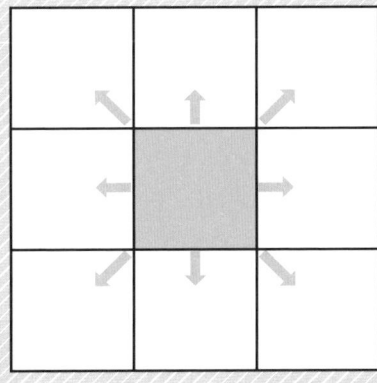

제1장

만다라차트 사고로 인생과 비즈니스의 목표를 세운다

만다라차트 사고로 인생과 비즈니스의 목표를 세운다

자기관리 기술로 인생과
비즈니스를 풍요롭게 한다

자기 자신을 관리한다.

간단한 것 같지만 이것만큼 어려운 것도 없습니다.

'욕구의 5단계'로 유명한 미국의 에이브러햄 매슬로(Abraham Harold Maslow) 박사는 인간의 욕망을 다섯 가지로 나누었습니다. 1단계는 생리적 욕구(physiological), 2단계는 안전 욕구(safety), 3단계는 애정과 소속에 대한 욕구(love & belonging), 4단계는 자기존중 욕구(esteem), 그리고 5단계는 자아실현 욕구(self-actualization)입니다.

　매슬로 박사가 지적한 욕구의 최고 단계인 자아실현 단계가 인생과 비즈니스를 풍요롭게 하는 것임을 우리는 무의식적으로 알고 있습니다. 꿈을 이루는 것, 희망을 현실화하는 것, 목표를 달성하는 것이 모두 자아실현을 위한 수단입니다.

그 자아실현을 위해서 없어서는 안 되는 요소가 바로 '자기관리'입니다. 자기관리가 안 되면 필시 목표를 향하는 도중에 좌절하고 말 것이고, 늘상 시간에 쫓기느라 오롯이 목표를 향해 가고 있다는 느낌도 갖지 못하기 때문입니다.

그러므로 자기관리 기술을 몸에 익히는 것이 자아실현의 첫걸음이 되는 거지요.

자기관리는 어떻게 하면 될까요?
사람은 타인, 즉 자기 자신 이외의 사람이 가진 장점이나 결점은 바로 알아차립니다. '그 사람은 그 부분을 조금만 더 고친다면 성공할 수 있을 텐데', '그 사람은 이렇게 하면 잘 될 텐데' 하고 다른 사람에 대해서는 차분히 관찰하고 냉정하게 지적할 수 있습니다. 그 사람을 성공으로 이끄는 조언자가 될 수도 있고요.

그러나 막상 자기 자신에 대해서는 이런 일이 잘 되지 않습니다. 왜 그럴까요?

바로 다음의 여덟 가지 장애가 당신의 머릿속을 방해하고 있기 때문입니다.

> ① 머릿속이 혼란스러워 정리가 되지 않는다.
> ② 대상에 집중할 수 없다.
> ③ 뇌 전체를 사용할 수 없다.
> ④ 과제의 구조를 세세한 부분까지 명확히 할 수 없다.
> ⑤ 동떨어진 각각의 정보를 연결할 수 없다.
> ⑥ 세부와 전체 양쪽 다 명확히 정리할 수 없다.
> ⑦ 무엇이 문제인지를 이해해 그것을 행동으로 연결하는 수단을 알 수 없다.
> ⑧ 문제 해결에 필요한 정보를 단기기억에서 장기기억으로 옮길 수 없다.

이 여덟 가지 장애를 해결하지 않는 한 당신은 자아실현을 위해 목표를 설정하는 것도, 실현을 위해 행동을 하는 것도 불가능합니다. 또한 그 행동이 자아실현에 가까워지고 있는지 그렇지 않은지도 판단할 수 없습니다. 결국 시간만 덧없이 지나, 당신은 이전의 자신과 아무것도 달라지지 않은 존재로서 계속 살아갈 것입니다.

그러다 보면, '이대로는 안 되겠구나' 싶어서 자아실현에 나서기도 합니다. 그런데 문제는 대부분 사람이 '타인의 욕구 실현'을 응용하는 방식으로 행동한다는 것입니다. 즉, 인생과 비즈니스에서 성공한 인물들의 행동을 흉내 내는 거지요.

언뜻 이 방법은 효율이 좋을 것처럼 생각됩니다. 그러나 흉내에는 치명적인 함정이 있습니다. 자아실현이란 자신 입장에서 자신이 이루고 싶은 것을 말함에도 목표를 이룬 다른 사람들의 모습을 흉내 냄으로써 자신이 그들과 같이 되리라고 착각한다는 점입니다.

성공한 인물들은 한곳에 머물러 있지 않습니다. 항상 자신을 중심으로 '방향성과 에너지'를 가지고 운동을 해나갑니다. 그런데 성공한 인물들의 행동을 흉내 내는 사람은 그들의 진행형 모습 중 하나의 순간을 '정적으로 잘라내' 그들과 똑같은 성과를 올리려고 하죠. 그러니 그 성공의 모습을 흉내 내려고 할 때는 대상이 이미 사라지고 없습니다. 그들은 이미 그다음 행동으로 옮겨 갔기 때문입니다.

성공한 인물이라는 '태풍'을 정적으로 취해 멈추어 있는 것을 흉내 내는 것은 쓸모없는 행동입니다. 게다가 '태풍의 눈'에 자신을 두는 것이 아니라 회전하는 소용돌이를 흉내 내려 하기 때문에 바람에 날아가 버리기가 더 쉽습니다.

어떻게 하면 인생과 비즈니스에서 성공한 인물들에게 가까워질 수 있을까요?

간단합니다. 성공한 인물들을 흉내 내지 말고 자기 스스로 성공의 소용돌이를 일으키면 됩니다.

성공의 소용돌이를 만들어내는 것은 사실 어렵지 않습니다. 아주 사소한 생각에서 시작되거든요. 즉 중심핵이 있는 9칸 구조체인 만다라차트를 활용하면 됩니다. 당신이 구조체의 중심핵에 자리를 잡은 다음, 이를 둘러싸고 당신이 실현하고 싶은 희망을 적는 것에서 시작합니다.

예를 들어 인생에 성공하고 싶을 경우, 즉 풍요로운 인생을 실현하고 싶은 경우를 가정해봅시다.

당신 자신을 9칸의 한가운데, 즉 만다라차트의 중심핵에 놓습니다. 그런 다음, 인생을 구성하는 여덟 가지 영역을 주위 8개의 칸에 배치합니다. 여기서 여덟 가지 영역이란 건강, 비즈니스, 경제, 가정, 사회, 인격, 학습, 유희를 말합니다. 이제 각 영역에 '꿈, 희망, 목표'를 적어넣습니다(〈그림 1〉 참조).

이와 같이 당신을 중심으로 당신이 인생에서 실현하고 싶은 여덟 가지 영역의 설계도가 '당신 스스로 만들어낸 모습'으로 출현합니다. 더욱이 중심핵에 당신이 당당하게 존재하고 있습니다.

드디어 당신이 스스로 설계한, 인생을 풍요롭게 하는 '만다라차트호'가 항해를 시작합니다. 이 만다라차트호는 태풍과도 같은 소용돌이를 만들어내 주위를 끌어당기며 회전 운동을 합니다.

이 행동은 매우 훌륭한 에너지를 가지고 있어 주위의 각 영역,

| 그림 1 | **중심핵이 있는 만다라차트**

F 인격 Personal	C 경제 Finance	G 학습 Study
B 비즈니스 Business	당신	D 가정 Home
E 사회 Society	A 건강 Health	H 유희 Leisure

제1장 만다라차트 사고로 인생과 비즈니스의 목표를 세운다

즉 건강, 비즈니스, 경제, 가정, 사회, 인격, 학습, 유희라는 여덟 가지 영역이 서로 협력하면서 성장하고 발전하는 데 필요한 영양분을 얻게 됩니다.

예를 들어 건강 영역에서 설계도를 마련했다면 활동을 계속하는 동안 보다 나은 방향으로 개선되어갑니다. 비즈니스 영역도 마찬가지입니다. 처음 계획한 일이 소용돌이를 일으키며 회전함에 따라 보다 풍부한 부산물을 생산해냅니다. 예를 들어 요식업으로 비즈니스를 시작했다고 할 때, 그 연장선상에서 무농약 야채 재배업으로 확장할 수도 있고 사람을 모집하는 인재 파견업으로 나아갈 수도 있습니다.

이처럼 당신이 계획하고 당신이 중심에서 조작하는 회전식 8기통 만다라차트호는 당신 주위의 사람들과 좋은 협력관계를 유지하면서 풍요롭고 거대하게 발전해나갈 것입니다. 이는 곧 풍요로운 인생을 당신 자신이 만들어간다는 의미입니다.

또한 이 회전하는 에너지는 계획과 실행에서 탁월한 능력을 발휘하게 해줍니다. 마음껏 활동을 펼치십시오. 당신은 뒤처지거나 좌절하거나 실패하지 않습니다. 당신이 이 만다라차트호의 중심에 서서 조종하고 있기 때문입니다.

앞의 주제로 돌아가봅시다. 우리는 모두 자아실현을 하고 싶어 합니다. 그러려면 성공한 사람들을 흉내 내는 것이 아니라 스스로 주체성을 가지고 '꿈, 희망, 목표'를 설정해 실천해가야 합니다. 그러기 위해 중심핵이 있는 9칸 만다라차트호를 활용해야 합니다.

이 책은 이 만다라차트호를 활용해 당신의 풍요로운 인생과 비즈니스를 실현하도록 안내하기 위해 쓰였으며, 공리공론이 아닌 '실천 매뉴얼'입니다.

지금부터 만다라차트 사고의 활용법과 실천 방법을 차근차근 설명하겠습니다.

당신을 중심으로 한 '인생계획'

만다라차트 사고에서 가장 먼저 시작하는 일은 '인생계획'을 세우는 것입니다. 이를 중심핵이 있는 9칸 만다라차트에 써넣을 것입니다.

인생계획을 가장 먼저 세우는 이유는 모든 것의 기초가 되기 때문입니다. 당신이 생각하는 풍요로운 인생, 행복한 인생은 무엇인

| 그림 2 | **나의 인생계획**

F 인격 Personal	C 경제 Finance	G 학습 Study	나의 연간 중점 계획
			1월
			2월
			3월
			4월
B 비즈니스 Business	올해의 목표 및 역할	D 가정 Home	5월
			6월
			7월
			8월
E 사회 Society	A 건강 Health	H 유희 Leisure	9월
			10월
			11월
			12월

만다라차트 실천법

가. 어떤 상태일 때 그렇게 생각하는가. 그러려면 무엇을 실현해야 하는가. 이 질문에 답하는 과정이니까요.

인생계획은 디자이너로서 당신이 계획하고 세우고자 하는 디자이너 하우스의 오리지널 건축 설계도입니다. 건축 설계도로 집 전체를 조감할 수 있는 것과 같이, 만다라차트에 세운 인생계획을 통해 여덟 가지 영역으로 나눈 당신의 인생 전체를 조망할 수 있습니다.

앞서 말했듯이 인생 목표는 당신과 관련된 여덟 가지 영역, 즉 건강, 비즈니스, 경제, 가정, 사회, 인격, 학습, 유희로 이루어져 있습니다. 각각의 항목에 당신이 실현하고 싶은 것과 목표로 하는 것을 적으십시오. 그러면 조감도를 보듯 전체와 부분의 관계 그리고 목표가 균형 있게 이뤄지고 있는지를 한눈에 이해할 수 있습니다.

만다라차트로 목표를 세우면, 예컨대 '최근에는 가정에 대한 목표에 소홀했군. 대신 학습 목표는 순조롭게 진행되고 있구나'와 같이 자기관리를 할 수 있습니다. 전체와 부분의 관계, 그리고 균형을 파악하는 것은 당신의 인생과 비즈니스를 풍요롭게 하는 데 필수적인 요소입니다.

인생을 여덟 가지 영역으로 나누어
목표를 세운다

'목적을 명확히 할 수 있는 사람은 인생을 마지막까지 내팽개치지 않는다' 라는 말이 있습니다. 지금부터 실제로 당신의 1년간 인생 계획을 세워봅시다. 목적은 '인생과 비즈니스를 풍요롭게 하는 것' 입니다.

이것은 어디까지나 '당신을 중심' 으로 한 여덟 가지 영역과 관련한 계획입니다(기입 예는 〈그림 3〉 참조). 기본적으로 인생을 당신과 관련한 여덟 가지 영역으로 나누었습니다. 각 영역에서 풍요롭다고 생각되는 상태, 행복하다고 생각되는 상황을 떠올려보세요. 어떻게 존재하고 싶습니까? 무엇이 되고 싶습니까? 그러려면 무엇을 해야 할까요? 그리고 무엇이 가능할까요? 차분히 생각해봅니다. 지금 현재 신경 써서 진행 중인 일도 괜찮습니다.

A 영역: 건강

건강에 문제가 있는 사람이라면 치유에 관해, 건강한 사람이라면 현재 상태를 유지하고 더 좋아지기 위해 무엇을 할까 그리고 현재 무엇을 하고 있나 등을 생각합니다.

① 체중 3킬로그램 감량, 복근 운동 50회

② 30분 산책, 주 2회 피트니스

이와 같이 조목조목 기입해나갑니다. 머리에 떠오르는 '꿈, 희망, 목표'를 바로 써 내려가는 것입니다. 가장 좋은 것이 생각날 때까지 기다리기만 해서는 어떤 것도 적을 수 없게 됩니다. 자신의 '직감'을 믿고, 생각나는 대로 바로바로 적으십시오.

B 영역: 비즈니스

1년간의 계획을 세웁니다. 건강 영역에서와 마찬가지로 번호를 매겨가며 비즈니스 영역의 '꿈, 희망, 목표'를 기입해갑니다. 이 영역에는 비즈니스계획만을 써넣습니다. 상세한 계획은 다시 세울 것이기 때문에 커다란 희망을 기입해도 상관없습니다. 살림을 전담하는 사람이라면 집안일에서의 목표를 생각해도 좋겠지요.

C 영역: 경제

경제는 개인적인 측면에서 보면 돈과 관련된 '꿈, 희망, 목표'입니다. 투자 성과 내기, 자산 취득하기, 적금 붓기, 대출 갚기 등 1년 동안 달성하고 싶은 것을 중심으로 기입해갑니다. 물론 장기적인 계획도 좋지만, 구체적으로 기입하는 것이 나중에 체크할 때

알기 쉽습니다.

① 매월 20만 원씩 저축하기

② 대출을 10년 안에 모두 갚기

③ 올해 안에 신차 구입하기

D 영역: 가정

어떤 가정을 꾸릴 것인가, 그러려면 무엇을 할 수 있는가를 기입합니다. 무엇을 할 수 있는지가 구체적으로 생각나지 않는다면, 우선 당신에게 가장 중요한 사람의 이름을 '① ○○○'와 같이 기입합니다. 그리고 그 사람에게 1년간 무엇을 해줄 수 있는지를 생각해서 적어넣습니다.

① 떨어져 있는 부모님께 월 1회 이상 안부 전하기

② 8월에 가족여행 가기

③ 배우자와 월 1회 외식하기

주위에 대한 배려심에서 나오는 구체적인 행동이 당신의 환경을 풍요롭게 하여 '꿈, 희망, 목표'를 실현하는 데 도움을 줍니다.

E 영역: 사회

친구 만들기, 동아리 만들기, 인맥 만들기 등 1년 동안 어떤 인간관계를 맺을 것인가, 사회와 어떻게 관계할 것인가를 계획하는 영역입니다. 새로운 인맥 만들기만이 아니라 지금의 인간관계를 소중히 하는 것도 중요한 계획입니다.

> ① 아파트 자치회의 임원 맡기
> ② 회사 이벤트 담당하기
> ③ 동창회 간사 맡기

F 영역: 인격

인격은 세계 공통의 패스포트라고 하지요. 그만큼 사람들에게 신용을 얻는 최고의 방법이라는 의미입니다.

좋은 인간관계는 인생을 풍요롭게 하는 데 매우 중요합니다. 그러려면 자신의 인격을 닦아야만 합니다. '좋은 사람이 되어야겠다'라거나 '호감을 주는 사람이 되어야겠다'와 같은 막연한 생각만으로는 실제로 그런 사람이 되기 어렵습니다.

인격을 향상시키려면 계획을 세우고 실천해야 합니다. 머릿속에 금방 떠오르는 내용이 없다면, 존경하고 신뢰하는 사람을 떠올려 그 사람의 행동을 참고하는 것도 좋습니다. 사람이 사람을 판단할 때는 행동이 중요하기 때문입니다.

> ① 시간 준수하기
> ② 약속 지키기
> ③ 밝게 인사하기
> ④ 미소로 대하기

간단한 것이라도 상관없습니다. 끊임없이 행동해나가는 것만이 인격 향상에 도움이 됩니다.

G 영역: 학습

오늘날은 평생 학습의 시대입니다. 탐구하는 삶은 젊다고 하지요. 일이든 취미든 자신이 흥미를 가지는 것에 시간과 돈을 투자하기 마련입니다. 흥미가 있기 때문에 더 깊이 관심을 가지게 됩니다.

> ① 3년 안에 MBA 취득하기
> ② 주 1회 영어회화 학원 다니기

업무상 경쟁력을 높이기 위한 학습도 여기에 기입합니다.

H 영역: 유희

주 5일 근무제가 보편화되고 연차 휴가 사용도 권장되는 등 일을 하는 시간이 갈수록 짧아지고 있습니다. 여가활동은 당신의 풍요로움을 늘리는 일과 연결됩니다. 꼼꼼히 생각해봅시다.

이 영역도 마찬가지로 조목조목 기입합니다. 스포츠, 취미생활, 독서 또는 조용히 혼자 시간 보내기 등 무엇이든 상관없습니다. 스스로 계획을 세우는 것이 중요합니다. 스트레스를 없애고 긴장을 푸는 것도 인생과 비즈니스를 풍요롭게 하는 중요한 요소입니다.

① 주 1권의 독서
② 매일 30분 명상
③ 3개월에 1회 필드 골프

〈그림 3〉에서는 글씨로 적는 방법을 보여주었는데, 그림을 활용하는 것도 효과적입니다.

예를 들어 건강 영역에 탄탄한 몸매의 축구선수 사진이나 허리가 잘록한 아이돌 사진을 붙여놓을 수 있겠지요. 비즈니스 영역에는 자신이 바라는 직장 사진을, 경제 영역에는 정원이 딸린 새집 사진을, 가정 영역에는 하와이의 해변 사진을, 유희 영역에는 풀

스윙하는 프로골퍼의 사진을 붙이는 등입니다.

각 영역에 맞는 사진을 찾아 그 장면에 가까워지도록 구체적인 행동을 기입해가면 더욱 효과적입니다. 그림을 활용하면 글씨로 적는 것보다 부담감이 적고 딱딱하지 않아 즐기면서 할 수 있습니다.

좌우명, 좋아하는 단어, 존경하는 사람의 사진 등 당신이 그것을 보면서 두근거리거나 위로를 얻거나 응원을 받을 수 있다면 무엇이라도 상관없습니다.

이 인생계획을 시간이 날 때마다 들여다보기 바랍니다. 그리고 몇 번이라도 지우고 보태고 정정하기 바랍니다. 여러 번 볼수록 만다라차트 사고가 뇌에 미치는 영향을 더 잘 활용할 수 있기 때문입니다.

이것이 당신의 설계도입니다.

1년 후 당신의 인생계획을 체크해봅시다.

9칸의 만다라차트를 사용해 연초에 세운 인생계획을 어느 정도 달성했는지 되돌아보면서 각각의 영역에 기입해보세요. 이 차트는 다음 연도에도 활용할 수 있을 것입니다.

| 그림 3 | 나의 인생계획

F 인격	C 경제	G 학습	나의 연간 중점 계획
• 정직 • 일찍 출근 • 정리 · 정돈 항상 밝고 건강하게	• 매월 30만 원 저축 • 신용카드를 만들지 않는다. • 자동차 구입 자금 1,000만 원	• 비즈니스 관련 서적 매월 5권 읽기 • 통근 중 영어 리스닝(토익 700점 목표)	1월
			2월 하와이 여행
			3월
			4월 경영계획 발표회 (개인 목표)
B 비즈니스	**올해의 목표 및 역할**	**D 가정**	5월 새로운 기획
• 새로운 기획 2개 실행! • 매출 10억 달성 • 신규 고객 유치	• 비즈니스 영역에서는 도전의 해! • 건강한 생활 • 가족 간 커뮤니케이션을 늘리자. • 새로운 일을 배우자. • 성실 · 정직 • 친구를 소중히 여기자.	• 가족과 하와이 여행! • 아이들과 놀기(함께 수영, 수영법 가르치기) • 월 1회 부모님 댁에 가기(손자 얼굴 보여주러) • 아내의 생일에 호텔에서 근사한 외식을!	6월
			7월 매출 보고 회의
			8월
E 사회	**A 건강**	**H 유희**	9월 아내 생일
• 월 1회 정도는 친구들과 만난다. • 동네 이벤트에 참가(특히 아이들 행사에!)	• 주 3회 피트니스 클럽 다니기(걷기 40분, 수영 30분) • 술을 피한다.	• 골프 100타 • 여름 휴가 계획(올해는 바다로 가자!)	10월 토익 시험
			11월
			12월 자동차 구입 자금 1,000만 원

인생에서도 특히 중요도가 높은 '비즈니스계획'

비즈니스계획도 인생계획의 일부입니다. 그런데 현대인에게 일은 매우 중요한 부분이므로 특화해서 다루어야 합니다.

   비즈니스 영역 역시 인생계획과 마찬가지로 '전체와 부분의 관계 그리고 균형'을 파악하는 것이 중요합니다. 그래야 실제 활동으로 연결할 수 있기 때문입니다. '영업활동계획'이나 '경영계획서' 등을 멋지게 작성했지만 결국엔 성과 없이 휴지통으로 직행한 경험이 한두 번은 있지 않은가요? 아마도 계획이 나빠서가 아니라 행동이 따르지 않았기 때문일 것입니다.

   비즈니스도 인생계획과 마찬가지로 여러 가지 요인이 서로 얽혀 있기 때문에 각각을 분리해서 생각할 수 없습니다. 이것이 만다라차트 사고가 크나큰 위력을 발휘하는 이유이기도 합니다.

   인생계획에서 세운 비즈니스계획을 더욱 구체화하여 다시 한 번 다른 만다라차트에 적습니다. 그러고 나서 끊임없이 확인합니다. 이렇게 하면 뇌가 계속해서 되새기게 됩니다. 그 결과 자기도 모르는 사이에 목표 달성에 필요한 새로운 영감이나 아이디어를 생산해내기도 하고, 주위의 유익한 정보를 끌어당기기도 하며, 필요한 인재를 만나기도 합니다.

| 그림 4 | 나의 비즈니스계획

F	C	G	나의 연간 중점 계획
			1월
			2월
			3월
			4월
B	올해의 비즈니스계획 D		5월
			6월
			7월
			8월
E	A	H	9월
			10월
			11월
			12월

제1장 만다라차트 사고로 인생과 비즈니스의 목표를 세운다

또한 비즈니스에는 독자성이 필요합니다. 다른 것과는 차별화할 수 있는 '존재 이유'를 가지라는 뜻입니다. 특허를 가지라는 말은 아닙니다. 물론 그것도 유리하긴 하지만, 전체와 부분의 관계 그리고 균형을 파악하라는 뜻입니다.

우뇌를 활성화하는 만다라차트의 아이디어와 영감을 조합한 비즈니스계획은 당신이 독자성을 발휘하게 해줍니다. 이것도 비즈니스를 풍요롭게 하는 시스템 중 하나입니다.

경영자, 직장인, 가정주부 등 입장에 따라 항목은 달라지겠지만, 비즈니스 영역에서 9칸 차트로 전체와 부분의 관계 그리고 균형을 파악해 계획을 세우는 방법은 인생계획과 같습니다.

인생계획과 마찬가지로 비즈니스계획을 통해 1년 계획이 어느 정도 달성되었는지를 되돌아볼 수 있습니다.

당신의 비즈니스를 우뇌로 계획한다

지금부터 비즈니스계획을 세워봅시다.

비즈니스 활동은 직무니 입장에 따라 달라질 텐데, 여기서는 경영자의 비즈니스 활동을 예로 생각해봅시다.

당신은 경영자가 아닐지도 모릅니다. 영업·재무·개발·제조·인사 담당 등 입장이 다양하겠지만, 경영자의 비즈니스 활동은 그 모두와 관계가 있기 때문에 도움이 되리라 생각합니다.

경영자의 비즈니스 활동은 다음의 8개 부문으로 이뤄집니다.

- 경영 이념
- 이번 회기 이익 계획
- 이번 회기 중점 방안
- 상품·고객 개발 전략
- 조직 방침·인원 배치 계획
- 인재 육성·인사 평가 제도
- 경영관리와 대책
- 경영계획 발표회

업종, 대상 시장, 고객, 기업 규모 등에 따라 저마다 특성을 갖지만 모든 사업은 이상의 8개 부문을 기초로 하여 운영됩니다.

이제 여기에 우뇌의 기능을 발휘하게 하는 만다라차트를 적용해봅시다.

A 영역: 경영 이념

앞에서처럼 번호를 매겨가며 조목조목 써도 좋습니다. 경영 이념은 사업을 바르게 이끄는 방침, 기업의 존재 이유, 기업 운영의 판단 기준 등을 나타내는 것입니다. 사시·사훈 등도 기술하면 좋겠지요.

B 영역: 이번 회기 이익 계획

이익 계획은 매출이익, 영업이익, 경상이익 등 세 가지 이익을 기본으로 하는데 특히 경상이익이 제일 중요합니다. 경상이익은 순수하게 기업의 실질적인 운영으로 만들어낸 이익을 말하며, 이를 위해 기업이 경영 활동을 하는 것입니다. 여기에 자기 자신이 필요하다고 생각하는 지수·숫자를 넣습니다. 참고로 동일 업계의 기준치나 자사의 과거 수치를 넣으면 더 구체적인 계획이 됩니다.

C 영역: 이번 회기 중점 방안

이번 회기에 중점적으로 실현하고 싶은 일, 반드시 하고 싶은 일, 명확히 실행해야 할 계획 등을 구체적으로 기술합니다. 회사 전체의 방침이 되는 사항을 우선순위에 따라 기입합니다.

D 영역: 상품·고객 개발 전략

상품과 고객은 사업 번영의 핵심입니다. ① 상품 대책, ② 중점 지역, ③ 고객층, ④ 영업 대책, ⑤ 고객 대책, ⑥ 조직 대응, ⑦ 투자 계획, ⑧ 시간 전략 등으로 구분해 적습니다.

E 영역: 조직 방침 · 인원 배치 계획

회사에 필요한 조직으로 지금까지 작성한 영역을 실제로 움직이는 부문을 기재합니다. 우선 몇 가지 부문이 있는지를 확인하여, 각 부문의 방향성과 이행하고 있는 지시 사항을 기재합니다. 부문이 적은 기업이라면 담당 사원의 이름을 기재해도 좋겠지요.

F 영역: 인재 육성 · 인사 평가 제도

시장이나 고객은 항상 변화해갑니다. 그러므로 인재 육성을 게을리하면 안 됩니다. 채용에 관한 계획, 신입사원부터 간부에 이르기까지의 교육 방침, 복리후생 등에 대해서도 기재합니다.

G 영역: 경영관리와 대책

사업을 경영하는 데에는 가설을 세우고 검증하는 일이 중요합니다. 예컨대 이번 회기 사업 목표는 가설에 해당합니다. 매월 사업 운영에 의해 실적이 나오는데, 이는 검증에 해당하죠. 다음의 실행 대책을 입안하는 것은 목표와 실적의 차이를 인식하는 데서 시작됩니다. 따라서 월간 · 주간 경영회의가 중요한 것입니다. 이 영역은 단위별 회의를 얼마큼 실행하는지에 관한 것입니다. '매월 첫 번째 월요일은 전체 경영회의', '매주 화요일은 각 과 경영회의' 식으로 기입합니다.

H 영역: 경영계획 발표회

A 영역부터 G 영역까지를 한 권의 경영계획서로 정리한 '이번 회기 경영계획서'를 전 사원에게 숙지시켜 이번 회기 목표를 달성하기 위한 '경영계획 발표회'를 개최합니다. 경영자의 의사가 사원들에게 전달됨으로써 전 사원의 의사 통일이 가능해지고 목표를 달성하는 행동에 나설 동기가 부여됩니다. 이 경영계획 발표회를 계속 진행하는 것이 기업을 발전시키는 데 중요한 방법이라고 할 수 있습니다.

이상과 같은 경영자의 비즈니스계획을 참고해 일반 직장인에게 필요한 요소를 생각해봅시다. 일반 직장인 중에는 '목표 수치를 가지고 있는 경우'와 '목표 수치를 가지고 있지 않은 경우'가 있을 것입니다. 두 경우에 대해 비즈니스계획의 영역별 제목을 예시해보겠습니다.

목표 수치를 가진 직장인의 비즈니스계획상 영역별 제목 예

A 영역: 이번 회기 목표 수치

B 영역: 상품(제품) 계획

C 영역: 영업 지역 대책

D 영역: 영업 대책(신규 · 계속 · 소개)

E 영역: 고객 대책(기존 고객 유지 · 팬 만들기)

F 영역: 자신의 능력 향상 계획

G 영역: 상사 · 부하와의 정기적 보고회

H 영역: 자기계발 계획

목표 수치를 가지지 않은 직장인의 비즈니스계획상 영역별 제목 예

A 영역: 가장 중요하다고 생각하는 역할

B 영역: 솔선수범해서 해야 할 역할

C 영역: 의뢰를 받거나 돌발적인 일에 대한 대응책

D 영역: 주 단위 일정관리

E 영역: 타 부문과 관련 있는 역할

F 영역: 자신의 능력 향상 계획

G 영역: 상사 · 부하와의 정기적 보고회

H 영역: 자기계발 계획

| 그림 5 | 나의 비즈니스계획

F	능력 향상	C	고객	G	회의	나의 연간 중점 계획
	• 토익 책 마스터 • 비즈니스 관련 서적 읽기(힌트, 아이디어 얻기) • 경영 세미나 참가		• 신규 고객 늘리기 (작년 10개사 → 올해 20개사) • 기존 고객 정기 방문 → 2개월 전 수주 철제!		• 정례회의(상사와의 정보 공유, 보고) • 기획회의 → 새로운 기획 입안 → 기존 기획 검토 • 매출 보고 회의 • 경영계획 발표회 • 일과 보고	1월
						2월 새로운 기획 입안 (회의)
						3월
						4월 경영계획 발표회
B	기획		올해의 비즈니스계획	D	영업 대책	5월 새로운 기획
	• 새로운 기획 ○○ 완성 → 기존 고객 대상 • 새로운 기획 △△ 완성 → 신규 고객 대상 • 또 다른 기획 발상		• 새로운 기획을 두 가지 실행! • 매출 10억 달성! • 신규 고객 배가		• 타사 연구 • 신규 고객 → 업종 집약 • 방문 건수를 일정하게(효율화)	6월
						7월 매출 보고 회의
						8월 신규 고객 보조 시스템
E	고객 보조	A	이번 시즌 목표	H	자기계발	9월
	• 견적 신속히 처리 (청구서 처리도) • 1개월 후의 보조 대책 • 신규 고객 보조 시스템 작성		• 매출 10억 • 신규 고객 매출 4억 • 기존 고객 매출 6억		• 자기계발 • 다른 업종과의 교류 모임에 참가 • 스포츠로 정신력 다지기	10월 토익 시험
						11월
						12월

이상의 제목을 참고하여 자기 자신의 입장에 따라 꼼꼼히 생각해보기 바랍니다. 중요한 것은 반드시 당신만의 비즈니스계획을 세워야 한다는 것입니다. 현재 진행 중인 계획이 있다면 그것도 포함시킵니다.

계획을 적다 보면 목표를 달성하기 위해 무엇을 하면 좋을지가 명확하고 구체화적으로 보일 것입니다. 목표가 구체화되면 행동으로 연결되고, 이는 궁극적으로 목표 달성으로 이어집니다.

가정주부라면 각 영역에 가사 등 자신의 활동을 기입합니다. 밥하기, 빨래하기, 청소하기, 아이 등·하교시키기, 정원 가꾸기 등. 가족을 위해 현재 하는 일을 제목으로 뽑아 각각을 좀더 효율적으로 해내거나 개선시킬 방법을 적습니다.

뇌를 자극하는 데 효과적인 기입 방법

머릿속 생각을 실제로 종이에 써 내려가면 훨씬 더 정리가 됩니다. 꿈과 목표를 실현하기 위해서는 명확한 메시지를 뇌에 계속해서 보내야 합니다. 그러려면 반복해서 읽고, 반복해서 수정하고 개선해야 합니다.

그 효과를 최대한으로 끌어내는 글쓰기 방법이 있습니다. 즉 '구체적인 방법'을 염두에 두고 다음의 여섯 가지 원칙에 따라 써 내려가는 것입니다.

첫째, 구체적으로 쓸 것

글로 쓴 것은 진실성을 띠게 되지요. 그런데 표현이 추상적이면 행동은 둔해집니다. 구체적으로 기술해야 합니다.

인생계획이나 비즈니스계획, 나아가 일정관리를 기록할 때도 실현하고 싶은 일을 구체적으로 기입합니다.

둘째, 달성 가능한 것을 쓸 것

목표는 높으면 높을수록 좋은 것이 아니라 달성 가능한 목표여야 합니다. 게다가 그 목표를 달성하는 것이 자신의 성장과 연결되어야 합니다. 그렇지 않으면 성취감을 얻을 수 없습니다. 뇌의 성장으로 연결되지 않는다면, 목표를 달성하고서도 타성의 진흙탕에 빠져버릴 것입니다.

셋째, 의욕적일 것

가슴이 뛸 만큼 의욕적인 목표가 아니라면 행동으로 연결되지 못하고, 결국 어느샌가 흐지부지되고 말 것입니다. 의욕은 자주성에서 생겨납니다. 목표를 수동적으로 받아들여서는 안 됩니다. 목표는 타인에게 명령을 받아 의무적으로 세우는 것이 아닙니다.

넷째, 정량화하고 정성화할 것

모든 목표는 정량화, 즉 수치화해야 합니다. '열심히 하겠다!' 라는 표현은 목표가 될 수 없습니다. '이번 달 매출 목표는 1억 원' 과 같이 정량적 목표를 제시해야 합니다.

그러나 정성화도 중요합니다. 정성화는 실현하고 싶은 일을 문장으로 표현하는 것을 말합니다. 수치로 제시한 목표를 실현하기 위해 배후에서 목표 실현을 지지하는 것, 즉 '목적'에 해당하는 것은 정성적으로 표현합니다.

'목적'과 '목표'를 혼동하는 사람이 많은데요. '목적'은 인생 전체의 꿈이나 사명입니다. 그것을 달성하기 위한 수단이 '목표' 입니다.

다섯째, 기한을 정할 것

목표를 세울 때는 '언제까지 달성하겠다'라고 기한을 정하는 것이 중요합니다. 기한 내에 목표를 달성하는 버릇, 즉 습관을 만들기 위해서입니다. 그것이 당신의 성장으로 연결되어 자아실현의 원동력이 됩니다.

여섯째, 일과로 만들 것

목표를 실현하기 위해서는 의식을 24시간 내내 연결해둘 필요가 있습니다. 문득 생각이 났을 때 행동한다거나 다른 사람들에게 떠밀려 행동해서는 실현할 수 없습니다.

뇌에는 기억을 일시적으로 보관하는 '해마'라는 장소가 있습니다. 일시적인 보관 장소이기 때문에 바로 잊어버립니다. 그러므로 단기기억에서 장기기억으로 옮겨가게 해주어야 합니다. 목표에 대한 생각을 일상적으로 반복해 습관화하는 것만이 당신을 풍요로운 인생과 비즈니스로 이끕니다.

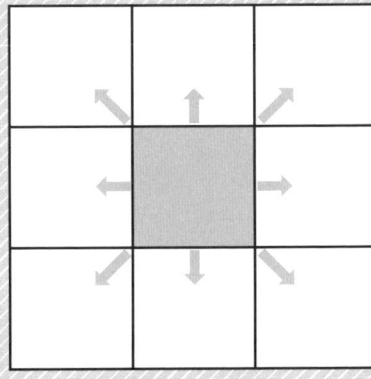

제 2 장

만다라차트 사고는 자신과의 관계에서 시작된다

만다라차트 사고는 자신과의 관계에서 시작된다

세 청년 이야기

세 청년이 있습니다. A, B, C라고 부르겠습니다. 이들은 같은 학교를 졸업하고 사회에 첫발을 내디뎠습니다. 3명 모두 기력·체력·능력이 뛰어나고 장래가 촉망되는 혈기 왕성한 청년들입니다.

3명은 영업 부문으로 입사했습니다. 몇 개월의 연수를 거친 뒤 각자 분야에 배치된 이들은 술잔을 주고받으며 일에 대한 자세를 이야기합니다.

A가 말합니다.

"우선 상사의 지시 명령은 확실히 해나갈 생각이야. 1일 10건의 돌발적인 방문이든, 1개월에 최저 2회 고객 방문이든 지시받은 시항은 반드시 할 거다. 자신 있어. 사원으로서 당연히 해야 하는 것이잖아."

B가 말을 잇습니다.

"응, 물론 그래야겠지? 하지만 나는 주어진 목표를 달성하는 것이 절대적이라고 생각해. 그러니까 상사가 1일 10건의 돌발 방문, 월 2회 고객 방문을 지시하더라도 그대로 따라야 하는 건 아니라고 생각해. 그 대신 목표를 달성하지 못했다면 돌발 방문을 1일 20건 이상이든 1개월에 2회 방문이든 3회 방문이든 해야 하지. 더욱이 목표 달성을 위해서라면 이용할 수 있는 것은 무엇이든 이용할 거야. 수단과 방법을 가리지 않을 거란 얘기지. 그렇게 하지 않으면 성적은 오르지 않을 거거든."

마지막으로 C가 입을 열었습니다.

"나도 물론 목표 달성을 위해서라면 전력을 다할 거야. 하지만 나는 요 몇 개월간의 연수에서 생각한 바가 있어. 공부와 달리 업무에서는 절대적인 정답은 없다는 거야. 자신은 목표만을 생각하는데 상대방은 그런 생각을 하고 있지 않다는 것. 그러므로 목표 달성을 위해서라도 고객이나 주위 사람들과의 관계를 중요시해야 한다고 생각해."

당신은 A, B, C 중 어느 유형입니까?
그리고 이 세 청년의 자세가 1년 후에는 어떤 결과를 가져오리라 생각합니까?

사실 이 세 청년의 사고방식에 인생과 비즈니스를 풍요롭게 하는 원칙에 관한 크나큰 힌트가 들어 있습니다.

세 청년의 1년 후를 봅시다.

먼저 A입니다. 그는 선언한 대로 상사의 지시와 명령을 어쨌든 충실히 이행했습니다. 매일의 업무 보고 역시 누구에게도 뒤지지 않을 만큼 꼼꼼히 했습니다. 성과는 어땠을까요?

성실한 태도가 성공하는 예도 적지 않지만, 항상 좋다고는 할 수 없습니다. A의 1년 후 성적은 그다지 좋지 않았으며, 상사의 평가도 그가 만족할 만큼은 아니었습니다.

A는 생각했습니다. '어떻게 된 거지? 어쨌든 시킨 일은 모두 잘하고 있잖아!'

이번엔 B를 봅시다. 그는 선언한 대로 '목표를 달성한다'라는 목적을 향해 매진했습니다. 생각한 만큼 결과가 나오지 않았을 때도 나름대로 대책을 세우고, 자신의 목표 달성을 모든 일에 우선하면서 온갖 노력을 했습니다. 덕분에 항상 최고의 성적을 기록했습니다. 상사도 좋게 평가했고요.

그러나 1년이 지날 즈음, B는 주위 사람들과 관계가 삐걱거리기 시작했습니다. 고객과의 관계도 갈등도 늘어났습니다. 상사는 B의 사내 관계나 고객 클레임을 우려하기 시작했습니다. 그와 동시에 성적도 이전만큼 좋지 않게 되었습니다. B도 일에서 느끼는 고단함과 자신을 둘러싼 환경의 냉엄함에 심신이 모두 지쳐버렸습니다.

B는 생각했습니다. '왜지? 내가 얼마나 열심히 일하는데. 갈등이 생긴 건 모두 상대방이 잘못했기 때문이잖아. 나 때문이 아니라고!'

C는 어떨까요? 그는 선언한 대로 사람들과의 관계를 중요하게 다루었습니다. '고객은 각각 모두 달라. 이쪽의 자세도 바꾸어야 해. 관계를 맺은 것만으로도 서로에게 무엇이 가장 중요한 것인가를 생각해야 해' 라며 항상 서로의 관계를 중시하고 신뢰를 구축해 나갔습니다. 거기에는 시간이 필요했기 때문에 처음에는 그다지 눈에 띄는 성적을 내지 못했습니다.

그러나 목표 달성을 최우선으로 생각하면서도 '고객을 위해 내가 할 수 있는 것은 무엇인가'를 항상 염두에 두고 행동했기 때문에 신뢰를 얻을 수 있었고, 성적도 안정적으로 올라갔습니다. 사내에서도 좋은 인간관계를 구축했기 때문에 주위의 협력을 얻을 수 있었습니다. 상사로부터도 깊은 신뢰와 높은 평가를 얻어 사내외 모두 좋은 환경에서 점점 더 일에 집중할 수 있게 되었습니다.

C는 생각했습니다. '고객들도 좋고 회사 내에도 좋은 사람들뿐이야. 나는 행운아야!'

기력·체력·능력이 모두 뛰어나고 똑같이 1년간 노력한 세 청년에게 엄청난 차이가 발생한 것입니다. 이런 차이가 발생한 원인은 무엇일까요?

여기에 인생과 비즈니스를 풍요롭게 하는 원칙이 존재합니다.

상호의존적인 사람이 성공한다

A는 왜 '어떻게 된 거지?' 라고 생각할 수밖에 없는 상태가 되어버린 걸까요?

그것은 행동의 원칙, 즉 기본적인 사고방식이 **'타자의존'** 적이기 때문입니다. 즉, 주위 사람이나 제3자에게 의존하는 사고와 행동을 했다는 뜻입니다.

A의 경우 상사의 지시와 명령이 그것입니다. '상사의 지시와 명령이 전부야' 라고 생각하며 행동한다면 '무엇을 위한 행동인가' 라는 목적의식을 잃어버리게 됩니다. 지시와 명령대로 행동하는 것이 목적이 되는 거죠.

그 결과 책임감, 분석력, 인식력을 잃고 맙니다. 사회는 행동에 따라서 목표를 달성하는 데 필요한 여러 가지 귀중한 힌트와 정보를 끊임없이 제공합니다. 그러나 A처럼 상사의 지시와 명령을 실행하는 것이 목적이 되어버리면, 그것에 좌우되어 진정한 목적에 도달하는 데 필요한 귀중한 힌트나 정보를 자신의 것으로 만들지 못하게 됩니다. 즉, 그 자신이 성장하지 못하게 됩니다.

"지시와 명령을 충실히 이행했습니다. 그러나 목표는 달성하지 못했습니다"라고 태연히 보고하는 장면을 생각해보세요. 그처럼 제3자적인 분석밖에 하지 못한다면, 결국 "그럼 어떻게 하지요?"라고 상사에게 다음 일을 물어봐야 합니다.

목표를 달성하기 위해 어떤 행동이 필요한지를 스스로 분석하고 대책을 내놓지 못하는 사람은 "어쨌든 시킨 일은 확실히 했잖아!"라고 항변할 순 있겠지만 그 이상 발전하지는 못합니다.

B는 어떻게 해서 '왜지?'라고 생각할 수밖에 없는 처지가 되어버린 것일까요?

그것은 행동의 원칙이 **'자기의존'** 적이기 때문입니다.

아마 당신은 'A처럼 타인에게 영향을 받아서는 안 된다면 자기 자신에게 의지하면 되잖아'라고 생각할지도 모릅니다. 물론 완전히 틀린 생각은 아닙니다. 이렇게 하면 A보다 풍요로운 환경에 접근할 수 있으니까요. 목적을 향해 스스로 엔진을 가동해 자신의 의지와 행동으로 움직이기 때문입니다. 그 결과 목표를 달성하는 데 필요한 다양하고 귀중한 힌트와 정보를 제대로 파악해 선후 대책을 취할 수 있게 됩니다.

그러나 이 자기의존적인 사고방식에는 함정이 있습니다. 목표 달성을 최대의 목적으로 하기 때문에 타인, 즉 고객이나 주위 사람들의 이익보다는 자신의 이익을 우선하기 쉽다는 것입니다. 다시 말해 타인을 목표 달성의 수단으로만 생각하는 겁니다. 고객의 이익이나 상대방의 기분을 헤아릴 여유가 점점 없어지지만, 자신 안에서는 목표를 달성하는 데 필요한 행동이라고 생각하고 있기 때문에 곧 스스로를 정당화합니다. 고객이나 회사 사람들과 갈등이 생겨도 "나는 틀리지 않았어"라고 우겨댑니다. 그래서 고객과 좋은 관계를 오랫동안 유지할 수 없고, 사내에서도 진정으로 이해해주는 사람이나 협력자가 줄어들게 됩니다. 그러다 보면 스스로는 '이렇게 열심히 일하는데'라고 생각하지만, 환경은 점점 더 냉정해집니다.

그렇다면 C는 어떻게 해서 '나는 운이 좋아!'라고 생각할 수 있는 환경을 얻었을까요?

그것은 행동의 원칙이 **'상호의존'**적이기 때문입니다.

결론부터 말하겠습니다. 인생과 비즈니스를 풍요롭게 하는 원칙이 바로 상호의존입니다. 즉 현실(지금 처한 환경)은 상대(타인)가 있고 내(자기 자신)가 있어 서로가 관계를 맺어 만들어지는 것입니다.

타인이나 자기 자신만이 아닌 서로의 관계로서 성립되는 것이라고 할 수 있습니다.

같은 상대인데도 당신이 관계를 맺는 방법에 따라 완전히 다른 반응이 되돌아온 경험이 한두 번은 있지 않은가요? 비즈니스 상대만이 아니라 가족과도 그렇고 연인과도 마찬가지입니다.

관계에서는 '스스로의 행동'이 기반이 됩니다. 자신이 관계를 맺는 방법, 즉 행동에 따라 상대방도 바뀌고 모든 환경이 바뀐다면 어떻겠습니까? 번거로울까요?

아닙니다. 당신의 행동으로 상대방을 바꿀 수 있다면, 더욱이 당신의 환경이 바뀔 수 있다면 결과를 이끄는 주도권을 당신이 쥐게 되는 것 아닌가요? 따라서 '지금 처한 환경의 원인은 모두 자신에게 있다'라는 사실을 깨닫는다면 손쓸 방법이 있지 않겠습니까?

'저 거래처가 이렇게 해준다면…', '가족이 이렇게만 된다면…', '연인이 좀더 이렇게 생각해준다면…'과 같이 상대방의 행동을 기다리기만 한다면 언제 실현될지 알 수가 없습니다. 그런데 만약 목표 달성에 영향을 끼치는 주요 원인이 당신 자신의 행동이라는 걸 안다면, 그런 고민을 할 필요가 없겠죠. 한시라도 빨리 당신의 인생과 비즈니스를 풍요롭게 하기 위한 행동에 나서고, 그 행동을 계속해가야 합니다.

| 그림 6 | **상호의존인가, 타자의존인가?**

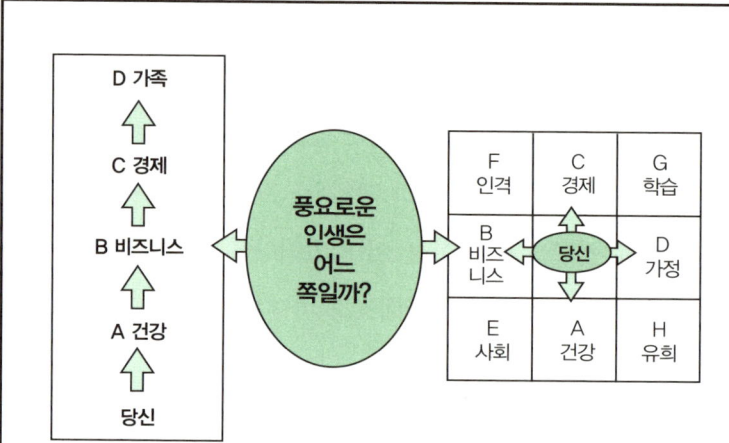

건강에 문제가 있으면 비즈니스 → 경제 → 가족으로 나아가지 못하고 좌절하고 붕괴되어 힘든 인생이 된다.

건강에 문제가 있어도 비즈니스·경제·가족과 관련된 일은 할 수 있어 풍요로운 인생이 된다.

타자의존

타자의존적인 사람은 타인의 지시로 일하기 때문에 자신의 목적을 잃어버려 눈앞의 문제를 해결하는 데 급급하다.

상호의존

상호의존적인 사람은 자신의 의사로 일하기 때문에 자신의 목적을 확실히 가지고 있으며 그것을 기준으로 하여 행동한다.

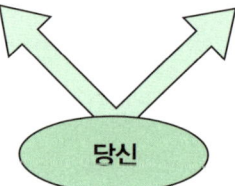

만다라차트 실천법

상대방의 영향을 받기만 하는(타자의존) 관계도 상대방을 이용하기만 하는(자기의존) 관계도 아닌, 당신도 상대방도 좋은 영향을 주고받아 함께 성공할 수 있는 관계를 구축할 수 있도록 행동해야 합니다.

　아쉽게도 절대적 정답이나 절대적 매뉴얼은 없습니다. 다만, 항상 상대방을 위해야 한다는 점을 잊어서는 안 됩니다. 왜냐하면 당신의 환경은 상대방과의 관계로부터 생겨난 것이며, 결코 고정된 것이 아니기 때문입니다.

　다시 한 번 강조하지만, 현실(지금 처한 환경)은 상대(타인)가 있고 내(자기 자신)가 있어 서로가 관계를 맺음으로써 만들어지는 것입니다. 이와 같은 상호의존의 원칙에 근거해 함께 성공하기 위한 사고방식, 상대방을 위한 사고방식으로 관계를 맺을 때 인생과 비즈니스가 풍요로워집니다.

　인생계획, 비즈니스계획도 이 상호의존의 원칙에 따라 함께 성공하기 위한 사고방식, 상대방을 위한 사고방식으로 목표를 정하고 행동계획을 만들어 계속 실천해야 합니다.

서양식 목표 달성 방법의 한계

자기관리 방법을 서양식과 동양식으로 명확히 나누는 것은 불가능하겠지요. 그러나 서양인과 동양인은 사고·행동체계에서 다소 다른 부분이 있는 것도 사실입니다. 이는 어느 정도 수렵민족과 농경민족, 일신교와 다신교의 차이가 복합적으로 작용하기 때문이라고 생각합니다.

수렵민족은 생존하기 위해 늘 불특정 사냥감을 쫓아다녀야 했습니다. 사냥감을 잡기 위해서는 한 가지 목표만을 달성하는 집중력이 요구됩니다. 이에 비해 농경민족은 생존하기 위해 계절에 맞추어 다양한 작물을 재배하고 기후를 고려해 복잡한 목표를 세워야 했지요. 바로 이런 차이가 현재까지도 이어지고 있는 게 아닐까요?

서양식 자기관리에 대해 '일주일간의 목표 설정과 행동'을 예로 들어 구체적으로 살펴보겠습니다.

① 월요일 칸에는 월요일의 목표, 그 밑에 월요일의 목표 달성 행동
② 화요일 칸에는 화요일의 목표, 그 밑에 화요일의 목표 달성 행동
③ 수요일 칸에는 수요일의 목표, 그 밑에 수요일의 목표 달성 행동

④ 목요일 칸에는 목요일의 목표, 그 밑에 목요일의 목표 달성 행동

⑤ 금요일 칸에는 금요일의 목표, 그 밑에 금요일의 목표 달성 행동

⑥ 토요일 칸에는 토요일의 목표, 그 밑에 토요일의 목표 달성 행동

⑦ 일요일 칸에는 일요일의 목표, 그 밑에 일요일의 목표 달성 행동

〈그림 7〉을 보면 알 수 있듯이 서양식 자기관리법은 하루하루의 목표를 설정하고, 그것을 달성하기 위한 매일의 실천 활동을 명시하는 구조로 되어 있습니다. 해당하는 날의 목표가 실현되지 않으면 달성할 날을 다시 지정해 목표를 재설정해야 하는 구조입니다.

하루하루가 승부이기 때문에 집중력은 붙지만 매일이 목표 설

| 그림 7 | 서양식: 한 가지 목표에 한 가지 행동

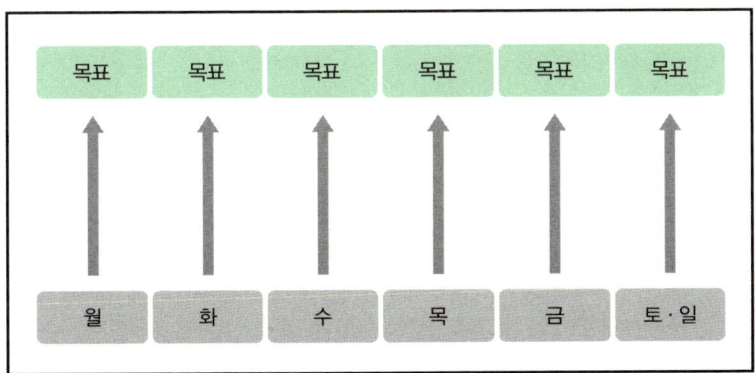

정과 달성의 연속이기 때문에 즐거움이 없는 구조가 되어버립니다. 부분에 쫓기느라 전체를 보는 시점을 잃어버리는 것입니다. 그 결과 실천하면 할수록 목표와 행동의 미로에 빠지고 스트레스가 쌓이게 됩니다.

다음은 주간 목표 설정과 행동의 예입니다. 인생 목표의 설정과 달성을 위한 행동으로만 이루어져 있어 무척 번거롭게 느껴집니다.

① 건강 영역 목표, 그 밑에 달성을 위한 실천계획
② 비즈니스 영역 목표, 그 밑에 달성을 위한 실천계획
③ 경제 영역 목표, 그 밑에 달성을 위한 실천계획
④ 가정 영역 목표, 그 밑에 달성을 위한 실천계획
⑤ 사회 영역 목표, 그 밑에 달성을 위한 실천계획
⑥ 인격 영역 목표, 그 밑에 달성을 위한 실천계획
⑦ 학습 영역 목표, 그 밑에 달성을 위한 실천계획
⑧ 유희 영역 목표, 그 밑에 달성을 위한 실천계획

서양식으로 각각의 인생 목표를 세우는 것은 8개의 산 또는 피라미드를 만들어 그 정상에 매년 목표 계획을 설정하는 모양이 됩니다. 그리고 이 목표를 달성하기 위한 행동, 다시 말해 각 정상에 설정한 목표를 실현하기 위해 산기슭에서부터 오르기 시작합니다.

① 건강의 산: 실행자인 당신은 산기슭에서부터 등산 시작
② 비즈니스의 산: 실행자인 당신은 산기슭에서부터 등산 시작
③ 경제의 산: 실행자인 당신은 산기슭에서부터 등산 시작
④ 가정의 산: 실행자인 당신은 산기슭에서부터 등산 시작
⑤ 사회의 산: 실행자인 당신은 산기슭에서부터 등산 시작
⑥ 인격의 산: 실행자인 당신은 산기슭에서부터 등산 시작
⑦ 학습의 산: 실행자인 당신은 산기슭에서부터 등산 시작
⑧ 유희의 산: 실행자인 당신은 산기슭에서부터 등산 시작

게다가 목표가 되는 산을 오르는 사람은 당신 혼자라는 점을 명심해야 합니다.

언뜻 합리적으로 보이고, 머릿속에서는 정리가 잘된 인생계획으로 보입니다.

그러나 실제 활동을 해보면 어떨까요? 〈그림 8〉을 보면 알 수 있듯이 '비즈니스의 산'을 오르다가 '가정의 산'을 오른다거나 '건강의 산'에서 '경제의 산'으로 옮기는 것은 불가능합니다.

예를 들어 비즈니스 영역의 목표를 달성했다고 가정합시다. 그러면 그다음 목표를 달성하기 위해 원점으로 돌아와야 합니다. 즉 '비즈니스의 산'에서 내려와 '가정의 산'을 산기슭부터 새로이 올라야 합니다. 게다가 어떤 산을 오르는 도중에는 다른 영역에서

| 그림 8 | **서양식 인생 목표: 각각의 목표가 설정된 산**

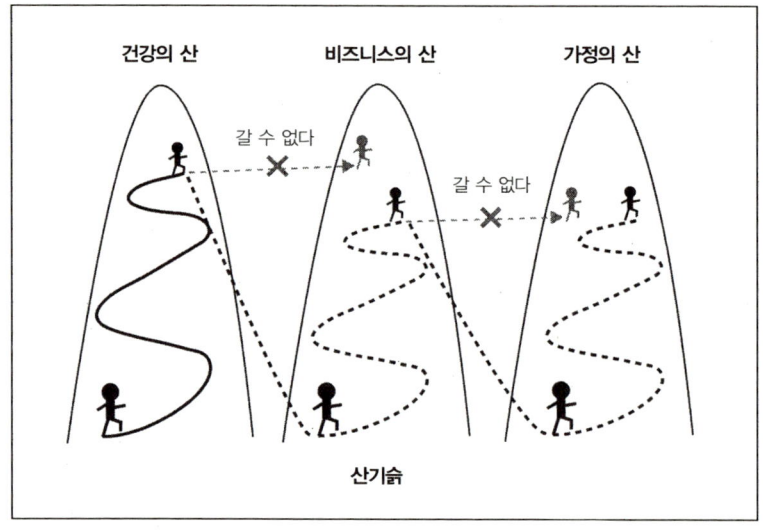

갈등이 생길 경우 그 갈등에 바로 대응하지 못하게 됩니다. 그러다 보면 인생계획은 좌절되고 말 것입니다.

이처럼 하나의 목표에 하나의 행동을 취하는 수렵민족형 목표 달성 시스템은 목표가 여러 가지 일 경우 대응하기가 어렵습니다. 현재의 목표를 실현하면서 동시에 새로 발생한 목표를 위해 행동하는 것은 불가능합니다.

'두 마리의 토끼를 쫓으면 한 마리도 잡지 못한다'는 수렵민족은 하나의 사냥감에 초점을 맞출 경우 다른 것은 쳐다보지도 않고 그 목표에 집중합니다.

이러한 목표 설정에 의한 행동, 즉 수렵민족의 행동 문화가 현재까지 이어진 것이 '하나의 목표 설정에 의한 목표 달성 행동 시스템'입니다.

동양인의 목표 달성 방법에 딱 맞는 만다라차트 사고

농경민족은 목표를 하나에 집중해 사냥감을 잡아야만 하는 수렵민족과는 달리 계절과 종자와 기후의 관계에 따라 자신들이 정착한 토지를 바탕으로 다양한 목표와 다양한 실천 활동을 통해 목표를 실현해왔습니다. 한마디로 '생산 수단'에 바탕을 둔 사고와 행동을 취해왔습니다.

서양식 자기관리 기술인 '하나의 목표에 하나의 목표 달성 행동'이라는 방식은 동양인에게는 익숙하지 않습니다. 하지만 그것을 대신할 좋은 방법이 없었기 때문에 지금까지 서양식 방법을 사용해왔습니다.

20세기까지는 정보화가 이뤄지지 않아 하나의 목표에 하나의 행동으로도 충분했습니다. 그러나 21세기가 되어 정보화가 급격히 이뤄진 지금에 와서는 하나의 목표에 하나의 행동이라는 수렵민족형 문제 해결 방법은 한계에 다다랐습니다.

그와 함께 '다중 목표 설정에 다중 목표 실천'이 필요해졌습니다. '다양한 목표에 다양한 목표 활동'이라는 상황에서 자기관리를 하려면 상당히 복잡한 사고와 행동이 필요합니다. 이것을 지금까지 유지해온 '하나의 목표에 하나의 행동' 방식으로 해결하려 한다면 쉽지 않을 것입니다.

그렇다면 농경민족의 습관을 물려받은 동양인에게 딱 맞는 자기관리 기술은 어떤 것일까요?

바로 '만다라차트 사고'입니다.

앞서 설명한 바와 같이 '만다라차트 사고'는 '중심핵이 있는 9칸' 구조체로 이뤄집니다. 일주일간의 목표 설정과 행동을 예로 서양식과의 차이를 알아봅시다.

월요일부터 일요일까지 각 요일에 목표와 행동을 한 가지씩 설정하는 것이 서양식이고(《그림 7》 참조), 모든 요일에 걸쳐 다중 목표 다중 행동을 설정하는 것이 동양식(《그림 9》 참조)입니다.

서양식에서는 각 요일에 각각의 목표를 설정합니다. 그리고 그 목표를 위한 행동을 하부에 입안합니다. 이렇게 하면 월요일부터 일요일까지 '일곱 가지 목표'와 '목표를 달성하는 데 필요한 일곱 가지 실천 활동'이 생깁니다.

이와 대비하여 만다라차트 구조를 활용한 동양식 '다중 목표 다중 행동' 방법은 다음과 같습니다.

우선 만다라차트의 한가운데에 있는 중심핵에 월요일부터 일요일까지의 목표를 적습니다. 그리고 이를 둘러싼 8개 칸에 상단 왼쪽부터 하단 중앙까지 월요일부터 일요일까지를 적습니다. 하단 맨 오른쪽은 '이번 주의 평가·감상' 칸입니다.

이렇게 하면 중심핵인 중앙에 이번 주에 실현해야 할 모든 목표를 설정할 수 있고, 각각의 요일 칸에는 그 요일의 목표로 실현해야 하는 행동계획을 구축할 수 있습니다.

또한 일주일을 중심으로 한 목표가 구축되어 각각의 월요일부터 일요일까지가 주위에 존재하기 때문에 중앙에 서 있는 당신은

| 그림 9 | **동양식: 다중 목표에 다중 행동**

월	화	수
목	목표	금
토	일	이번 주의 평가·감상

월요일부터 일요일까지 각각의 요일에 지원받는 기분을 느끼게 됩니다. 만다라차트 사고를 이용한 '만다라차트 비즈니스 수첩'을 많은 사람이 쓰고 있는데, 이들이 실제로 "주간행동계획 페이지를 열면 편안함을 느낍니다"라고 이야기합니다.

만약 월요일의 목표가 실현되지 않았다 하더라도 '수요일에 월요일의 목표 실현을 위해 협력하면 돼' 하고 스스로를 다독이는 여유가 생겨날 것입니다. 이를 통해 궁극적으로 인생계획의 여덟 가지 영역을 균형 있게 실현하게 됩니다.

이에 비해 서양식을 이용한다면 비즈니스 목표를 달성할 때까지 그다음 목표로는 넘어갈 수 없습니다. 그러다 보면 '오늘 못 한 일은 내일 하지 뭐', '내일 못 한 일은 모레 하고…' 하는 식으로 계속 미루는 습관이 생기고 맙니다.

만다라차트 사고에 의한 행동계획에서는 그런 일이 일어나지 않습니다. 왜냐하면 행동을 관리하는 도구가 있기 때문입니다. 그것은 바로 다음 장에서 설명할 '연간선행계획'과 '월간기획계획'입니다.

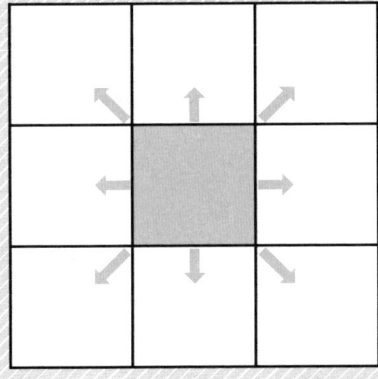

제3장

자기관리는 시간관리가 아닌 행동관리가 중심이다

자기관리는 시간관리가 아닌 행동관리가 중심이다

하고 싶은 일과 해야 할 일을
먼저 기입한다

앞에서 설명한 인생계획, 비즈니스계획은 디자이너 하우스의 건축 설계도에 해당한다고 했습니다. 지금부터는 공정표 이야기를 할 것입니다. 설계도에 따라 시계열로 실현해가는 역할을 맡는데, 이것이 '연간선행계획' 입니다.

   연간선행계획은 단순한 연간계획이 아닙니다. 도리어 계획한 것을 행동에 옮기게 하는 도구라고 말할 수 있습니다.

   행동을 미리 짜고 계획을 확실히 세운다면 그것을 실현해야 하는 그 밖의 예정 조치들을 조정해 빨리빨리 준비하고 처리할 수 있게 됩니다. 게다가 주체적으로 관계를 맺기 때문에 쫓기거나 피곤한 일도 없어집니다.

연간계획을 실천하는 것은 결국 **'습관'** 입니다. 상호의존 원칙에 따라 자기도 모르는 사이에 목표 실현을 향해 나아가게 됩니다. 타인과의 관계에서도 확고한 행동지침을 가지게 되어 자신이 주도권을 발휘할 수 있습니다.

이때 목표는 미래에 당연히 이룰 모습으로 생각하는 것이 핵심입니다. 과거나 현재를 보고 목표를 그 연장선에 설정하는 사고(push 사고)를 취하는 것이 아닌 '당연히 이룰 모습, 미래의 이상적인 모습'을 머릿속에 그리고 그것을 끌어당겨 도달하는 방법이나 행동을 생각(pull 사고)합니다. 그리고 나서 행동으로 옮깁니다.

그러기 위해 인생계획, 비즈니스계획으로 그려진 '당연히 이룰 모습'을 우선 연간선행계획에 넣는 것입니다.

인생계획의 여행, 자격 취득, 건강진단이나 비즈니스계획의 이벤트, 경영계획 발표회, 여러 가지 회의 등 이미 결정된 것은 물론 결정되지 않은 것도 행동에 넣습니다.

'시간이 있다면…', '여유가 생긴다면…' 등의 생각만 하고 있어서는 영원히 실현되지 않습니다. 3개월 후, 반년 후, 1년 후가 명확하지 않은 공정표로는 집을 완성할 수 없습니다.

연간선행계획을 최대한 활용하고 있는 사례를 한번 볼까요?

나고야시에 있는 다무라설계의 다무라 사장님은 매우 바쁜 나

날을 보내고 있습니다. 그럼에도 그는 가족과 함께 해마다 해외여행을 떠납니다. 그래서 주위 사람들은 '회사 운영만으로도 바쁜데 어떻게 해외여행을 할 수 있지?' 하고 의아하게 생각한다고 합니다. 그 답은 만다라차트 사고에 있습니다.

그는 만다라차트 사고를 이용해 인생계획을 세우기에 앞서 연간선행계획을 최우선으로 하여 월·일, 가야 할 장소 등을 기입했습니다. 그 덕에 해외여행을 확실히 갈 수 있게 되었다고 말합니다. 다무라 사장님의 1년간 행동계획에는 연 24회의 임원회의, 연 2회의 합숙 임원회의, 연 40회의 세미나, 연 9회의 해외 출장, 주 3회(연간 약 150회)의 요가 등이 들어 있습니다.

실제 실행 단계에서 다소 변경은 있다고 합니다. 그러나 예정이 잡힌 것과 잡히지 않은 것 간에는 큰 차이가 있습니다. 연간선행계획이 확실한 1년을 만드는 것입니다.

이처럼 당연히 이룰 모습을 그리고 연간계획을 써넣으면, 그것에 따라서 언제 무엇을 해야 하는가를 생각하게 됩니다. '여유가 생긴다면 해외여행을 가고 싶다' 같은 생각으로는 언제까지고 해외여행은 불가능합니다.

물론 이 방법은 경영자가 아니라면 어려울 수도 있겠지요. 그러니 일반 직장인이라 해도 1년이 무리라면 반년, 아니 3개월 뒤의 상황은 읽을 수 있을 것입니다.

| 그림 10 | 연간선행계획

요일\월	1 Jan	2 Feb	3 Mar	4 Apr	5 May	6 Jun	월\요일
월	1						월
화	2				1		화
수	3				2		수
목	4	1	1		3		목
금	5	2	2		4	1	금
토	6	3	3		5	2	토
일	7	4	4	1	6	3	일
월	8	5	5	2	7	4	월
화	9	6	6	3	8	5	화
수	10	7	7	4	9	6	수
목	11	8	8	5	10	7	목
금	12	9	9	6	11	8	금
토	13	10	10	7	12	9	토
일	14	11	11	8	13	10	일
월	15	12	12	9	14	11	월
화	16	13	13	10	15	12	화
수	17	14	14	11	16	13	수
목	18	15	15	12	17	14	목
금	19	16	16	13	18	15	금
토	20	17	17	14	19	16	토
일	21	18	18	15	20	17	일
월	22	19	19	16	21	18	월
화	23	20	20	17	22	19	화
수	24	21	21	18	23	20	수
목	25	22	22	19	24	21	목
금	26	23	23	20	25	22	금
토	27	24	24	21	26	23	토
일	28	25	25	22	27	24	일
월	29	26	26	23	28	25	월
화	30	27	27	24	29	26	화
수	31	28	28	25	30	27	수
목			29	26	31	28	목
금			30	27		29	금
토			31	28		30	토
일				29			일
월				30			월
화							화

제3장 자기관리는 시간관리가 아닌 행동관리가 중심이다

계획을 써넣으면 모든 행동이 그것을 실현하는 방향으로 움직이게 됩니다. 예정된 다른 일정을 조정하여 일을 빨리빨리 처리하게 됩니다. 시간관리는 곧 행동관리를 말한다는 사실을 잘 보여줍니다.

'연간선행계획'에 기입한 시점부터 행동이 시작된다

연간선행계획을 세워봅시다.
공정표이기 때문에 최우선 부분에는 이미 연간으로 결정된 일을 기입합니다. 업종에 따라 다양하겠지만 회사의 행사, 프로젝트 완성일, 판촉 이벤트, 중요한 납기 등을 써넣습니다.

그런 다음에는 월·일 단위로 정해진 개인적인 행사, 종교 행사, 결혼식, 여행 등을 적습니다.

또한 인생계획에서 세운 것도 모두 행동 예정으로 기입합니다. 자격 취득이나 건강진단, 자기계발 세미나, 비즈니스계획에서 세운 이벤트 등 설계도에 그려진 계획은 모두 공정표에 포함되어야 합니다. 비어 있는 월·일에 우선하여 써넣습니다.

모호하거나 결정하기 힘든 것은 '중점 계획'을 참고하여 기준

| 그림 11 | 연간선행계획

중점 계획 요일\월	1 Jan	2 Feb	3 Mar
월	1 ✓		
화	2 겨울 휴가		
수	3		
목	4 첫 출근	1	1 ✓
금	5	2 (운동)	2 (운동)
토	6	3	3
일	7	4 수영	4
월	8	5 정례회의 (운동)	5 정례회의 (운동)
화	9 인사 방문	6 기획회의	6
수	10 (운동)	7 (운동)	7 (운동)
목	11	8	8 기획회의
금	12 (운동)	9 친구 (운동)	9 (운동)
토	13	10	10
일	14	11	11
월	15 정례회의 (운동)	12 기획회의 (운동)	12 정례회의 (운동)
화	16	13 하와이 여행	13
수	17 (운동)	14 (운동)	14 (운동)
목	18	15 ✓	15
금	19 다른 업종 교류 (운동)	16 ✓ (운동)	16 (운동)
토	20	17 ✓	17 영업 세미나
일	21	18	18
월	22 정례회의 (운동)	19 정례회의 (운동)	19 (운동)
화	23	20	20
수	24 (운동)	21 (운동)	21 (운동)
목	25	22	22
금	26 (운동)	23 (운동)	23 (운동)
토	27	24 부모님 댁	24
일	28	25	25 부모님 댁
월	29 정례회의 (운동)	26 정례회의 (운동)	26 정례회의 (운동)
화	30	27	27
수	31 (운동)	28	28 (운동)
목			29
금			30
토			31

이 되는 달에 기입해둡니다.

이처럼 계획을 써넣으면 '처리해야 하는 일은 얼른 해버려야지', '슬슬 염두에 두어야지' 하고 뇌가 준비하기 시작합니다. 그럼으로써 당신의 뇌도 인생과 비즈니스를 풍요롭게 하는 계획에 참여하게 됩니다.

인생계획, 비즈니스계획을 기준으로 기입합니다.

기입할 때는 시각적 요소도 필요합니다. 예를 들어 비즈니스 영역에서 결정 중인 내용은 빨간 펜으로 체크하고 개인적인 일은 파란색으로 체크하는 등 색깔로 구분하는 것도 하나의 방법입니다.

이렇게 하면 중요도나 계획이 균형을 갖춰 배치됐는지를 한눈에 파악할 수 있습니다. 그러면 그 일이 있기 며칠 전까지 무엇을 처리해야 하고 무엇을 준비해야 하는가를 자연스럽게 알 수 있습니다.

연간선행계획을 기입하는 것만으로도 당신의 행동이 선행 관리형이 되어 약속한 날까지 실현하기 위해 준비할 수 있습니다. 목표 실현을 위한 연간 선행 습관이 몸에 익으면 이번 연도에 실현해야 하는 연간계획의 성취율이 비약적으로 높아집니다.

실제 행동을 관리하는
'월간기획계획'

공정표를 더욱더 구체화한 것으로 '월간기획계획'이 있습니다. 월간기획계획의 역할은 크게 두 가지입니다.

첫째는 중복 기록이나 미기입 등의 오류 방지입니다. 일정을 기입하는 난에 연간선행계획에 있는 예정 사항을 옮겨 다시 기입합니다. 계속해서 생기는 새로운 예정 사항도 여기에 반드시 기입합니다.

새로운 예정 사항은 앞서 기입한 연간선행계획을 우선으로 하여 일정을 짭니다. 이렇게 하면 인생계획도 확실히 행동으로 옮길 수 있습니다. 이처럼 당신 자신이 하고 싶어 하는 일을 행동으로 옮기게 하는 것이 또 다른 한 가지 역할입니다.

월간은 '기획계획'을 하는 부분입니다. 기획은 월 단위로 입안해 처리합니다. 그 기획·개발에 관한 항목을 우측 월간 기획 칸에 적고 그와 관련된 날, 실행일 또는 실행 예정일을 체크(×)해 나갑니다. 예정 사항이 결정되면 좌측의 일정란에 기입합니다.

최상단의 월간 중점 계획에 써넣은 인생계획의 여덟 가지 영역을 적극적으로 디자인합니다. 8개 항목 모두 기입합니다.

뇌에 목표를 새겨 넣으면 뇌가 아이디어와 영감을 생산해냅니

| 그림 12 | **2월 월간기획계획**
일정 우선이 당신을 활성화한다.

월간 중점 계획

			8	10	12	2	4	6	8		월간기획								
											A	B	C	D	E	F	G	H
1	목																	
2	금																	
3	토																	
4	일																	
5	월																	
6	화																	
7	수																	
8	목																	
9	금																	
10	토																	
11	일																	
12	월																	
13	화																	
14	수																	
15	목																	
16	금																	
17	토																	
18	일																	
19	월																	
20	화																	
21	수																	
22	목																	
23	금																	
24	토																	
25	일																	
26	월																	
27	화																	
28	수																	

만다라차트 실천법

다. 이를 행동으로 옮기는 페이지로 정해도 좋습니다. 아이디어와 영감은 기획으로 연결되어 행동으로 이어지고, 그것은 다시 새로운 아이디어와 영감을 생산해 당신을 확실하게 활성화할 것입니다.

'기획·발상'에 특별한 재능이 필요한 건 아닙니다. 해당 월에 무엇을 실현하고 싶은가에 대한 명확하고 강한 목표 의식을 가지고 있다면 이번 달에 무엇을 실행해야 하는가가 자연스럽게 떠오를 것입니다.

만일 아이디어가 떠오르지 않는다면 그것은 당신에게 기획·개발을 해내는 능력이나 재능이 없다기보다 이번 달에 실현하고자 하는 목표에 대한 달성 의욕이 부족하다고 말할 수 있습니다. 그러므로 바로 지금, 당신은 이번 달에 실현하려고 하는 목표를 재검토해야만 합니다.

'타인으로부터 명령이나 지시를 받는 데 익숙한 타자의존의 사고방식이 되어버린 건 아닌가?' 하고 자문자답해야 합니다. 그리고 이를 자신의 의사로 반드시 달성해야 하는 목표로 바꾸어야 합니다.

일정 우선이
당신을 활성화한다

월간기획계획을 세웁시다.

실제로는 〈그림 12〉와 같이 1개월분이 들어 있지만, 예를 들기 위해 그 절반인 15일분만 살펴보겠습니다(〈그림 13〉 참조).

    월간기획계획에 있는 우측 부분과 좌측 부분은 기술 방식이 서로 다릅니다. 우측은 기획계획, 좌측은 그것의 실행계획입니다.

    우선 좌측에 연간선행계획으로 결정된 일정을 빠뜨리지 않고 기입합니다. 앞으로 생겨날 일정도 여기에 반드시 기입합니다.

    다음으로 우측에 월간 기획을 세워갑니다. 당월 1개월분의 날짜가 있기 때문에 '기획일'과 '행동일'은 옆으로 나란히 배치되는 공통의 요소가 됩니다. 기획, 즉 실행이 가능하게끔 구성되어 있는 것입니다.

    우측 부분에는 A부터 H까지 8개 항목을 표시할 수 있게 되어 있습니다. 페이지 최상단의 월간 중점 계획에 기재한 사항, 인생 계획의 여덟 가지 영역, 고객, 이벤트 등 지지난달부터 넘어온 기획안, 지난달부터 넘어온 기획안, 이번 달 새로이 세운 기획안 등을 기입합니다.

    다음은 각 기획안을 실행할 월·일을 세로축의 지정된 월·일

그림 13 | 2월 월간기획계획

일정 우선이 달성을 활성화한다.

월간 중점 계획
새로운 기능

#	요일	활동	시간 (8·10·12·2·4·6·8)	A 애인	B 가정	C 때때	D 책	E 기계	F 편집	G 보차	H 어학
1	목	영애	영어 / AS방문			X	X				
2	금	영애	수업 → BS →			X	X			X	
3	토										
4	일										
5	월	영애	영어 / 정례회의 / 기획회의 / 자료 정리			X	X	X			
6	화	영애	CS → DS →			X					
7	수	영애				X	X				
8	목	영애	견적		X						
9	금		친구와 술					X	X		
10	토										
11	일		여행 준비	X							
12	월		기획회의		X						
13	화				X						
14	수		영어이 여행		X						
15	목										X

제3장 자기관리는 시간관리가 아닌 행동관리가 중심이다

에 체크합니다. 기획마다 체크 표시를 해갑니다. 이번에는 그 좌측 칸에 체크 표시를 하면서 해당 기획일에 해야 하는 실천 행동을 계획합니다.

이것을 월초에 해두면 당신의 월간 행동은 목표를 실현하기 위한 기획 실행 일정으로 방향이 잡히기 때문에 '일정 우선이 당신을 활성화한다'가 선언에 머물지 않고 현실화됩니다. 이처럼 말로 설명하니 복잡하게 보이지만, 실제 사례를 참고하면 훨씬 쉬울 것입니다.

1개월이 끝난 시점에 각각의 달성도를 체크합니다. 이렇게 하면 1개월의 목표 달성도가 한눈에 보이게 됩니다.

| 그림 14 | 체크리스트

	1	2	3	4	5	6	7	8	9	10	11	12	계
1													
2													
3													
4													
5													
6													
7													
8													
9													
10													
11													
12													
13													
14													
15													
16													
17													
18													
19													
20													
21													
22													
23													
24													
25													
26													
27													
28													
30													
31													
계													

제3장 자기관리는 시간관리가 아닌 행동관리가 중심이다

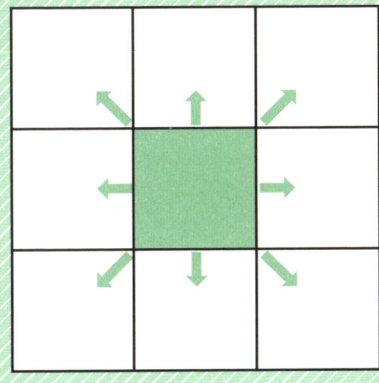

제4장

계획은 기입해야만 중요성을 띤다

계획은 기입해야만 중요성을 띤다

'긴급하지는 않지만 중요한 것'을 실천한다

'시간은 관리하는 것'이라고 흔히 생각하지만, 만다라차트 사고에서의 시간은 관리하는 것이 아닙니다.

당연히 상대방과 약속을 잡거나 몇 시에 어디에 가는지 등을 수첩에 기입할 수는 있습니다. 하지만 그것뿐이라면 언젠가 당신은 시간에 얽매여 문자 그대로 '시간관리'에 목을 매게 될 것입니다.

만다라차트 사고는 인생계획, 비즈니스계획을 구축해가는 사고방법입니다. 이를 위해 프로그램화되어 있다는 점은 지금까지 설명해온 흐름을 보아도 알 수 있을 것입니다.

그렇다면 시간관리의 진정한 목적은 무엇일까요?

한마디로, 행동관리라고 할 수 있습니다. 인생과 비즈니스를 풍요롭게 하기 위해 목표를 실현하는 과정입니다. 시간관리도 그 수단으로서 존재한다는 점을 이해해야 합니다.

> 제1 분야: 긴급하고 중요함
> 제2 분야: 긴급하지는 않지만 중요함
> 제3 분야: 긴급하지만 중요하지 않음
> 제4 분야: 긴급하지도 중요하지도 않음

| 그림 15 | 긴급성과 중요도에 따른 일의 분류

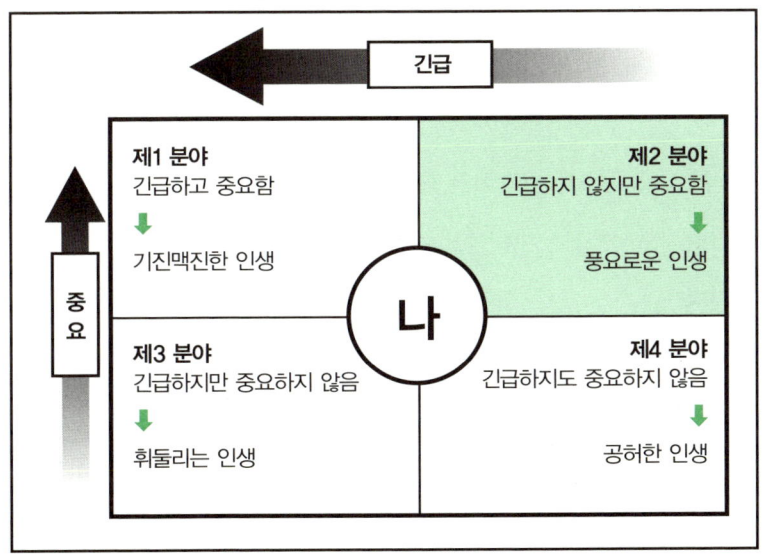

제1 분야: 긴급하고 중요함

사람들은 이 분야에 80퍼센트가 넘는 시간을 소비하며 살아갑니다. 즉, 여유가 없는 일에 80퍼센트의 에너지를 사용하는 것입니다.

예를 들자면 클레임 처리, 마감이 있는 일, 다급한 문제, 질병이나 사고, 위기나 재해 등이 있습니다. 일이 생기면 최대한 서둘러서 대응해야 하는 일들이죠. 예컨대 고객에게 클레임 전화가 걸려왔다고 해봅시다. 이에 대해 "지금은 회의 중이니 1시간 후에 연락드리겠습니다"라고 말한다면 어떤 일이 일어날까요? 아마도 문제가 더 커지기만 할 것입니다.

그러나 이 분야에 많은 시간을 소비하면 긴장감이 높아지고 스트레스가 쌓여 도피하고 싶어집니다. 자칫하면 전혀 엉뚱한 곳에 화풀이를 하게 되는 상황까지 이르기도 합니다.

제2 분야: 긴급하지는 않지만 중요함

만다라차트 사고로 계획함으로써 가장 효과를 발휘할 수 있는 분야입니다.

인생계획, 비즈니스계획, 돈 사용 방법, 가족에 대한 배려, 인간관계 형성, 인격 향상, 학습, 여유를 활용한 계획 등이 있습니다.

세2 분야에 시간을 활용하면 비전이 보이고, 생활에 균형이 생겨 건강해지며, 인간관계가 개선되고 위기가 적어집니다.

제3 분야: 긴급하지만 중요하지 않음

갑작스러운 방문객, 많은 전화, 무의미한 접대, 잡일 등을 예로 들 수 있습니다.

이 분야에 시간을 많이 소비하면 근시안적인 시야를 갖기 쉬워 세상을 단편적으로 보게 됩니다. 이 상태가 지속되면 목표나 계획에 대한 의미를 상실하여 주위에 휘둘리게 됩니다.

제4 분야: 긴급하지도 중요하지도 않음

시간 죽이기, 의미 없는 전화, TV 시청 등이 흔히 볼 수 있는 예입니다.

이 분야에 시간을 소비하면 삶에 책임감이 없어지고 타인이나 조직에 의존하는 인간이 되고 맙니다.

본연의 모습으로 조언하는 사령탑

인생을 충실히 살기 위해서는 네 가지 시간 활용 분야 중 제2 분야의 '긴급하지는 않지만 중요한 일'에 중점을 두고 계획을 세울 필요가 있습니다.

여유가 없는 제1 분야에서 '긴급하고 중요한 일'은 갑자기 생기기 마련입니다. 그러나 당신이 해야만 하는 일을 사전에 계획해둔다면 갑자기 일어난 제1 분야의 일도 편안하게 대응할 수 있습니다. 만다라차트 사고로 계획을 세운다면 인생계획, 비즈니스계획, 연간선행계획, 월간기획계획, 주간행동계획, 일간실천계획을 통해 시간을 행동으로 변환시킬 수 있습니다. 따라서 돌발적으로 일어나는 일에 대해서도 항상 본연의 모습으로 행동을 취할 수 있습니다. 기입해가는 작업 자체만을 생각한다면, 내용이 많기 때문에 복잡하게 얽혀 보일 것입니다. 그러나 만다라차트 사고로 계획을 세워 행동한다면 여유를 가지고 자신의 목적을 실현하며, 동시에 제1 분야의 긴급하고 중요한 일에도 편안하게 대응할 수 있습니다.

제3 분야의 '긴급하지만 중요하지 않은 일'은 시간을 그다지 소비하지 않고 처리할 수 있습니다. 왜냐하면 당신이 해야 할 일을 제2 분야에서 충분히 계획해두었기 때문입니다.

만약 당신이 제4 분야의 '긴급하지도 중요하지도 않은 일'에 시간을 쓰고 있다면 그것이 얼마나 어리석은 짓인지를 시급히 알아채기 바랍니다. 그 시간을 자신의 계획을 되돌아보고 새로운 계획을 세우는 데 할애해야 합니다. 그렇게 할 때 당신의 마음과 뇌는 목표 실현을 위해 힘을 모을 것입니다.

'Plan-Do-Check-Action'이 아니라 'Check-Action-Plan-Do'로 생각한다

살아가면서 우리는 많은 문제를 해결해야 합니다. 유명한 문제 해결 시스템으로 서양식의 'PDCA(Plan-Do-Check-Action)'가 있습니다.

즉 목표를 세우고(P), 행동을 하고(D), 목표와 실적의 차이를 확인하고(C), 새로운 목표 실현을 위한 수정 행동을 하는(A) 순서로 문제를 해결해가는 방법입니다.

한때 유행처럼 확산되던 방법이었지만, 현실적인 문제 해결에는 적합하지 않다고 판명되었습니다. 본래는 'CAPD(Check-Action-Plan-Do)' 사이클이 바른 문제 해결법입니다.

이는 실제 문제를 해결할 때를 생각해보면 금세 알 수 있습니다. 예컨대, 아무것도 없는 상태에서 당신은 갑자기 목표(P)를 세울 수 있겠습니까? 그럴 수 있다는 사람도 물론 있겠지만, 보통은 그렇지 않습니다.

바른 사이클인 CAPD를 순서대로 살펴보겠습니다.

> **1단계: C**
>
> 먼저 현실에서 일어나고 있는 문제들이 어떤 식으로 되어 있는가 하는 '현상 인식, 현상 분석'에서 시작한다. 즉, 현재 상황을 '체크'하는 것

이다.

↓

2단계: A

'왜 그 문제가 일어났는가'를 생각하면서 문제의 근본 원인을 찾는다. 즉 근본 문제를 밝혀내기 위한 '액션'을 취한다.

↓

3단계: P

근본 문제가 발견되었다면 그 문제의 해결을 위한 '플랜'을 생각한다.

↓

4단계: D

마지막으로, 문제 해결을 위한 목표를 실현하기 위해 '행동'한다.

구체적인 예를 들어 설명하면 이 동양식 문제 해결 시스템이 얼마나 현실에 바탕을 두고 있는가를 쉽게 이해할 수 있을 것입니다. '동물원에서 호랑이가 도망쳤다'라는 사례로 설명하겠습니다.

문제 예: 동물원에서 호랑이가 도망쳤다.

1단계

조사원은 우선 도망친 우리를 철저하게 체크합니다. 호랑이가 숨어 있을지도 모르기 때문입니다. 그 결과 호랑이가 우리 안에 없다는 사실이 확인되었습니다. 이것이 '체크', 즉 문제의 현상 인식입니다.

2단계

조사견 등을 활용하여 호랑이의 발자취를 추적하는 등의 방법으로 문제의 근본 원인인 호랑이 탐색으로 넘어갑니다. 그리고 고생 끝에 호랑이를 발견하게 되었다고 합시다. 즉, 문제의 근본 원인을 발견한 것입니다. 그러나 이 단계에서는 마음을 놓을 수 없습니다.

3단계

문제 해결 부분으로 넘어갑니다. 여기에서는 어떤 기준으로 목표를 설정할 것인가가 중요합니다. '인명 중시'인가 '동물 애호'인가라는 판단 기준 말입니다.

만약 도망친 호랑이가 평소에 몹시 사나웠고 사람들이 많이 다니는 도심에서 발견되었다면, 아마도 동물 애호보다는 인명 중시가 더 중요한 판단 기준이 되겠지요. 그 결과 '부득이한 사살'이라는 해결책이 취해질 수 있습니다. 반면, 호랑이가 사람에게 해를 끼치지 못할 상황이라는 점이 확실시된다면 동물 애호라는 기준에 의해 '호랑이 생포'라는 해결책이 취해질 것입니다.

이처럼 해결책 'P'는 상황에 따라 변할 수 있습니다.

4단계

'인명 중시'를 목표로 설정했다면 '사살'이라는 문제 해결 방법을 실천하고, '동물 애호'를 목표로 설정했다면 '생포'라는 문제 해결 방법을 실천하는 것으로 행동의 방향이 결정됩니다.

갑자기 문제 해결의 'P'에서부터 출발하는 'PDCA' 사이클이 얼마나 현실과 동떨어진 문제 해결 시스템인지가 이해되었을 것입니다.

이 문제 해결의 진리를 아는 토요타자동차는 '7W'라는 문제 해결 방법을 사용하고 있습니다. 문제가 발생하면 일곱 차례에 걸쳐 계속해서 물음(Why)으로써 원인을 찾습니다. 그리고 근본적인 원인을 발견하면 나머지는 〈그림 16〉의 문제 해결 시스템에 따라 해결해갑니다. 진정한 CAPD 문제 해결 시스템을 활용하는 것입니다. 이는 문제 해결 시스템의 본질을 잘 알고 있기 때문입니다.

| 그림 16 | CAPD로 문제를 해결한다

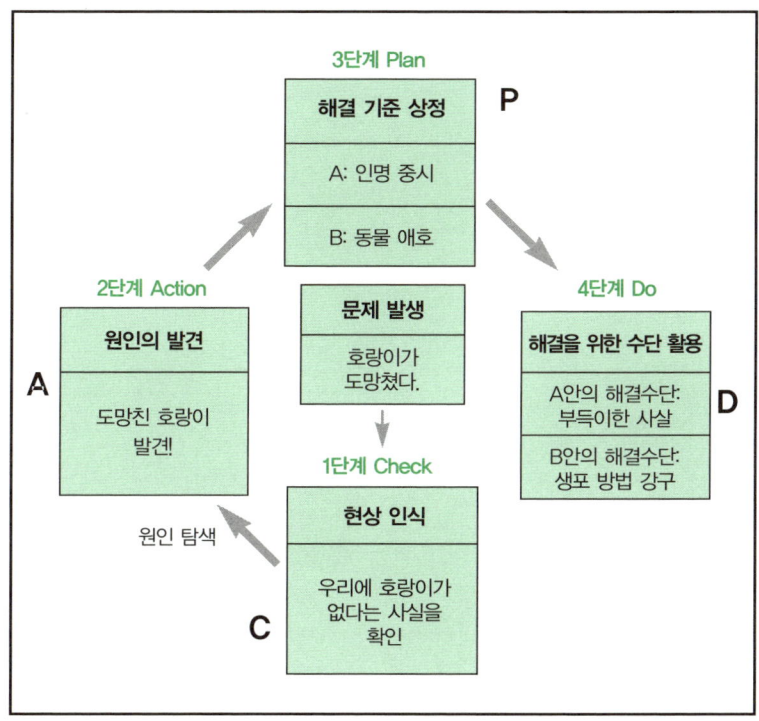

제4장 계획은 기입해야만 중요성을 띤다

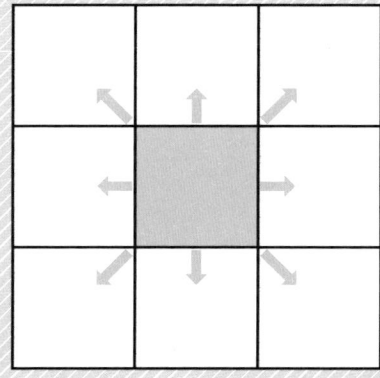

제5장

9칸의 마법이 행동을 계속하게 한다

9칸의 마법이 행동을 계속하게 한다

만다라차트 사고로
일주일을 생각한다

'주간행동계획'은 연간선행계획과 월간기획계획에서 구축한 계획과 목표를 실행하는 부분입니다. 일주일이 '중심핵이 있는 9칸'으로 구성된 만다라차트입니다. 하루하루는 각각 독립되어 있으면서 동시에 연동되어 관계를 가집니다.

 디자이너 하우스의 건축 설계도와 공정표가 한 장으로 된 것이라고 생각하면 이해하기 쉽습니다. 일주일을 중심핵을 가지고 조감하는 방법은 상상 이상의 효과를 가져다줍니다. 만다라차트 사고의 일정이 보통의 수첩과 가장 크게 다른 부분입니다.

 주간행동계획의 특징은 다음과 같습니다.

 중심에 이번 주의 목표·역할을 설정하고 결과를 기입합니다.

계획과 목표가 없다면, 매일매일을 바쁘게 보내면서도 방향성을 갖지 못하고 성과는 오르지 않아서 성취감과 충실감을 얻을 수 없습니다. 그러나 우리는 앞서 인생계획, 연간선행계획, 월간기획계획으로 방향을 확실히 정해두었기 때문에 계획을 실현하기 위한 목표가 명확합니다.

목표를 일주일의 중심에 두기 때문에 행동이 보다 구체화되고, 중심축이 흔들리는 일 없이 목표 달성으로 이어집니다.

또한 중심에 목표가 있기 때문에 항상 뇌에 각인됩니다. 그 결과 목표를 달성하기 위해서 정보에 민감해지고 효율적으로 수집할 수 있게 됩니다. 또 뇌가 목표를 달성하기 위해 힌트를 얻고자 하기 때문에 영감이 떠오르고 아이디어가 샘솟으며, 창의적인 궁리를 하여 대책을 세우는 것이 습관으로 자리 잡습니다.

뇌를 전면 가동하고 목표 달성을 지향하기 때문에 매일을 기대 속에 보낼 수 있습니다. 또한 목표에 대해 사전에 준비하고 대책을 강구하는 것도 습관이 되기 때문에 발생 여지가 있는 갈등도 사전에 피해 갈 수 있습니다.

달성해야 하는 목표뿐만 아니라 역할이라는 관점에서도 자신이 무엇을 해야 하는지 생각할 수 있고, 주체적으로 행동을 계획할 수 있습니다.

목표가 1일 단위의 'To-Do 리스트'와 달리 일주일 단위로 세워지므로 여유를 가지고 임할 수 있습니다. 그래서 궁지에 몰릴 일이 없기 때문에 좌절하는 일 없이 계속할 수 있습니다. 이처럼 계속해나가는 힘은 계획을 달성하는 데 필수적인 요인입니다.

목표, 역할 항목에 각각의 결과를 기호로 기입할 수 있어서 어느 정도 달성했는지를 한눈에 파악할 수 있습니다.

오른쪽 아래에 이번 주 평가·감상, 대책을 적는 칸이 있습니다. 목표를 설정하고 실행한 성과를 일주일마다 체크하는 것이 습관이 되고, 그것이 다음 주의 행동으로 이어져 동기 부여가 됩니다.

또한 일주일의 마지막에 자신을 되돌아보고 평가하거나 감상을 정리하면서 반성하게 되기 때문에 자신의 성장으로 이어집니다. 아마도 목표를 향해서 열심히 노력한 자신을 다른 각도에서 바라보게 될 것입니다. 칭찬하거나 반성하거나 질타하거나 격려하거나 등 또 다른 자신과의 대화가 시작됩니다.

가장 오른쪽에는 메모란이 있습니다. 뇌가 전면 가동하고 충실한 일주일을 보냈다면 이 부분이 가득 차 있을 것입니다.

'정보를 모았다', '영감을 얻었다', '뇌가 활성화되어 더 사용했다' … 그리고 다시 '정보를 모았다', '영감을 얻었다' …와 같이 각 항목이 순환하면서 나선형으로 활성화되는 것을 체감할 수 있습니다.

| 그림 17 | 1월 주간행동계획   결과 기호 : ∨ 달성, → 진행 중, × 연기

15 (월)	16 (화)	17 (수)	메모	이번 주 영감 / 정보, 아이디어, 힌트
8·10·12·2·4·6·8	8·10·12·2·4·6·8	8·10·12·2·4·6·8		
18 (목)	이번 주의 목표·역할	결과 / 19 (금)		
8·10·12·2·4·6·8		8·10·12·2·4·6·8		
20 (토)	21 (일)	이번 주의 평가·감상·대책		
8·10·12·2·4·6·8	8·10·12·2·4·6·8			

제5장 9칸의 마법이 행동을 계속하게 한다

목표를 일주일에 완결하는 '주간행동계획'

주간행동계획을 세워봅시다.

현대인의 생활 패턴은 주 단위로 되어 있습니다. 텔레비전은 일주일 단위로 프로그램이 편성되고 직장 업무도 일주일이라는 사이클로 계획, 실행됩니다.

'중심핵이 있는 9칸'의 만다라차트 사고로 일주일을 파악해봅시다.

상단 왼쪽부터 하단 중앙까지가 월요일부터 일요일에 해당합니다. 맨 가운데의 중심핵은 이번 주의 목표·역할, 하단의 맨 오른쪽은 이번 주의 평가·감상·대책 칸입니다.

우선, 월간기획계획의 좌측 난에 적은 일정을 빠짐없이 옮겨 적습니다. 주간행동계획의 1일 영역에 맞춰 적으시기 바랍니다. 이렇게 함으로써 이미 정해진 일정이 채워졌습니다.

중앙의 '이번 주의 목표·역할' 칸에 다음 주에 실현하고 싶은 목표·역할을 1부터 순서대로 번호를 붙여 적습니다. 미리 정할 수 있다면 그 목표·역할을 실행하는 날짜와 시간까지 적습니다. 정할 수 없다면 적지 않아도 상관없습니다. 일주일 중 비어 있는 요일 가운데 어느 날이든 실행하면 되니까요.

인생계획, 비즈니스계획에서 세운 계획을 넣어봅시다. 목표 매출, 방문 예정 고객, 준비 자료 작성, 스포츠센터, 읽고 싶은 책, 듣고 싶은 음악 등 실행할 수 있는 계획을 일정에 따라 적습니다.

다 적었다면, 월요일부터 일요일까지 전체를 살펴보세요.

어떻습니까? 충실한 계획표가 되었습니까? 어딘가 빈약하다는 느낌이 들거나 부족하지는 않습니까?

이것은 당신의 우뇌가 판단하는 것입니다. 주간행동계획에 기입해두면 당신의 뇌는 그것을 실현하기 위해 무의식적으로 준비하고 움직이기 시작합니다. 이때 중요한 것은 깨닫는 것입니다. '그렇지! 화요일에는 이것을 하자' 또는 '수요일에는 이 사람과 만나자'와 같이 인식할 수 있습니다.

이번 주의 목표·역할에 기입하는 내용은 앞으로 일주일 후에 행할 일이 아니라도 상관없습니다. 월간기획계획을 보면서 시간상으로 상당히 여유가 있는 일도 '2주일 후에 연수를 가니, 그 전 주에 자료를 조사해두자', '이날 만나는 약속이니까 전주에는 확인 메일을 보내자' 등과 같이 그 주에 준비해두고 싶은 것을 사전에 계획합니다.

그럼 이제 일주일이 끝났습니다. 이번 주의 목표·역할은 얼마나 달성됐을까요?

| 그림 18 | **1월 주간행동계획** 결과 기호: V 달성, → 진행 중, × 연기

15 (월)		16 (화)		17 (수)	
· 8 · 10 · 12 · 2 · 4 · 6 · 8	운동 V 정기회의 V 10:30 확인 엽서 V ↓	· 8 · 10 · 12 · 2 · 4 · 6 · 8	기획 자료 수집 → ○○ 씨 방문 V 14:30 ↓ 자료 작성 →	· 8 · 10 · 12 · 2 · 4 · 6 · 8	운동 V A사(신바시) 14:20 ↓ B사(요코하마) 16:20 ↓ 바로 귀가

18 (목)		이번 주의 목표 · 역할	결과	19 (금)	
· 8 · 10 · 12 · 2 · 4 · 6 · 8	(직행)C사 V 10:00 견적서 제작 V ↓ B사 ○○ 씨와 식사 V 18:30 V	1. 인사 방문 확인 2. 다른 업종 교류 모임 3. 새로운 기획 자료 수집 4. 운동 5. 견적서 제작 6. 가족과 외식 7. 8.	→ V → V V V	· 8 · 10 · 12 · 2 · 4 · 6 · 8	운동 V 견적서 팩스 V 확인 전화 V ↓ 다른 업종 교류 모임 18:00 (신주쿠) V

20 (토)		21 (일)		이번 주의 평가 · 감상 · 대책
· 8 · 10 · 12 · 2 · 4 · 6 · 8	아이와 놀기(공원) V 가족 외식 V	· 8 · 10 · 12 · 2 · 4 · 6 · 8	비즈니스 서적 읽기 → 골프 연습 ×	• 운동 목표는 모두 달성 • 새로운 기획 자료 더 자세히 조사할 필요 있음 • 확인 전화에서 고객 희망 사항 있었음

만다라차트 실천법

항목 오른쪽 결과란에 표 상단의 결과 기호를 기입합니다. 진행 중이거나 연기된 것은 다음 주로 옮겨 적습니다.

오른쪽 아래의 '이번 주 평가 · 감상 · 대책'은 문장으로 적습니다. 진행 중이거나 연기된 항목이 있다면 다음 주 대책으로 써두어도 좋습니다. 목표 · 역할을 달성했다면 자신을 칭찬해줍시다. 달성하지 못했을 때는 원인을 찾아봅시다(CAPD의 'C' 부분에 해당합니다). 이 작업은 자신과의 대화입니다. 감동한 일, 마음에 남는 말 등 무엇이든 좋습니다.

일주일 동안 얻은 귀중한 정보, 영감과 아이디어는 오른쪽의 메모란(〈그림 17〉 참조)에 기입합시다. 예를 들면 영감에 해당하는 사항으로 '상품의 색을 달리하는 걸 검토한다', 'A사와 접촉해본다' 라든가, 정보에 해당하는 사항으로 'C사에 가는 방법과 걸리는 시간' 등. 이들 정보도 하나로 관리합니다.

일주일을 조감하는 것이 당신을 얼마나 활성화하는지 직접 느껴보시기 바랍니다. 일주일 안에 당신의 목표는 대부분 달성될 것입니다.

| 그림 19 | **MY 만다라차트 일간실천계획**

F	C	G	● 메모란
B	● 오늘의 목표·역할	D	
	· 8 · 10 · 12 · 2 · 4 · 6 · 8 ·		
E	A	◆ 오늘 평가	

만다라차트 실천법

하루의 자기관리를 위한
'일간실천계획'

'일간실천계획'은 주간행동계획 중 1칸을 만다라차트로 다시 한 번 구체화한 것입니다. 다시 말해 주간행동계획의 각 칸이 일간실천계획에 해당합니다.

1일은 갑자기 생기거나 우연히 만난 1일이 아닙니다. 인생계획, 비즈니스계획으로 구축된 계획을 실현해야 하고 연간선행계획, 월간기획계획, 주간행동계획에 촘촘히 짜인 필연적인 1일입니다. 이제 흙을 일구어 씨를 뿌린 것을 수확할 때, 즉 결과를 낼 때입니다.

주간행동계획을 보면, 이 1일이 어떤 위치이며 어떤 의미를 가지는지를 충분히 알 수 있으리라 생각합니다.

목표가 명확하기 때문에 행동도 구체화할 수 있습니다. 낭비나 실수가 없는, 성과를 올릴 수 있는 1일이 될 것입니다.

만다라차트 사고로 1일을 생활하면 머릿속에서 치밀한 준비와 행동 시뮬레이션이 가능하기 때문에 초조해하지 않고 실수하지 않고 착실하고 자신 있게 행동할 수 있으며, 이것이 좋은 성과로 이어집니다.

단, 일간실천계획은 만다라차트 사고를 상당히 능숙하게 사용하는 사람을 위한 도구이기 때문에 처음에는 일간까지 진행할 필요는 없습니다.

우선은 주간행동계획을 습관화하기 바랍니다. 다만, 그것만으로는 예정하고 있는 행동을 모두 적을 수 없거나 해야 할 것이 많다고 생각하는 사람이라면 일간실천계획을 사용하면 도움이 될 것입니다.

하루의 행동을 체크해서
목표를 뇌에 각인한다

일간실천계획을 기입해봅시다.

우선 주간행동계획에 적어넣은 1칸 분량의 일정을 일간실천계획의 중앙 부분에 빠짐없이 옮겨 적습니다. 그러면 주간행동계획 1일분의 일정·목표가 중심에 오게 됩니다.

1일에 해당하는 난의 오른쪽은 1시간마다 눈금이 그어져 있지만, 중앙에 세로로 선을 그으면 30분 단위로 나눠서 적을 수도 있습니다. 또는 중앙에 가로로 선을 그어 좌측에는 일정, 우측에는 'To-Do 리스트'로 사용할 수도 있습니다.

또 제3장에서 소개한 체크리스트(〈그림 14〉 참조)를 사용해 매일의 성과를 체크할 수도 있습니다. 챙기고 싶은 항목, 매출, 고객 방문 수, 운동, 명상 등을 항목 1~12에 기입하고 매일 체크하면 됩니다.

매출은 수치로, 항목에 따라서는 자가채점 등으로 달성도를 체크합니다. 기회가 있을 때마다 들여다보면 목표가 뇌에 각인되고 행동하고자 하는 의욕이 강해집니다.

일간실천계획의 기입 방법으로 돌아가봅시다.

중심에 주간행동계획의 1칸(1일)을 옮겨 적었습니다. 그 일정을 보면서 나머지 칸에 해야 할 것을 영역 제목으로 넣고 상세한 사항을 칸에 기입합니다.

영역 제목에는 일정에 들어 있는 방문처와 회사 방문객, 출석하는 세미나 등 상세한 내용을 적습니다. 거래처 방문이라면 거래처 담당자, 방문 주제, 전해준 자료, 그 결과, 다음 대책 등을 적습니다. 세미나라면 강사, 주제, 회장, 수강료, 내용과 감상 등을 적습니다. 이렇게 메모를 해두면 당장은 쓸모없다고 생각되는 정보 중에서도 나중에 요긴하게 쓰이는 것이 생기기도 합니다.

일간실천계획은 매일 한 일을 기록해두는 일기로도 사용할 수 있습니다.

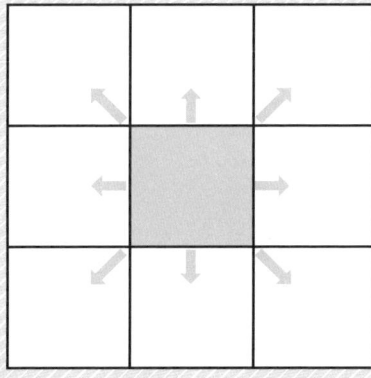

제6장

만다라차트 사고가 이 세상과 당신의 마음을 구체화한다

만다라차트 사고가 이 세상과 당신의 마음을 구체화한다

인간의 마음을 풀어낸
만다라차트의 비밀

'만다라차트'라고 하면 어디선가 들어본 것 같으면서도, 내용을 보면 잘 모르겠다는 생각이 들 것입니다.

여기에서 말하는 '만다라차트'는 '중심핵이 있는 3×3의 9칸' 구조를 가리킵니다.

이 구조체가 우리가 찾고 있는 인생과 비즈니스를 풍요롭게 하고 설레게 하는 가장 강력한 도구이며, 문제 해결을 위한 도구입니다.

이 단순한 구조체가 어떻게 그런 위력을 발휘하는 것일까요?

1. 당신은 '당신' 이면서 '당신' 이 아니다

한 여성이 있다고 합시다. 남편 입장에서 보면 '사랑스러운 아내' 입니다. 그러나 시어머니 입장에서 보면 귀여운 아들을 빼앗은 '미운 며느리' 일지도 모릅니다. 가사도우미가 있다면 그에게는 매달 월급을 주는 '여주인' 입니다.

이 여성을 당신 자신으로 바꾸어 주위 사람들을 보면, 이러한 관계를 보다 구체적으로 이해할 수 있습니다.

혹시 당신에겐 사랑에 애태우는 연인이 있나요? 그 사람도 회사 동료의 입장에서 보면 '단순한 동료' 일 것이고, 가족에게는 '아들 또는 딸' 입니다.

즉 어떤 사람을 연인이나 친구, 가족 등 한 가지로 정해서 부를 순 없습니다. 주변 사람들과의 관계에 따라 수시로 변하기 때문입니다.

이는 사물도 마찬가지입니다. 여기에 컵 하나가 있다고 합시다. 보통 물컵으로 사용하는, 유리로 만들어진 컵입니다. 하지만 이 컵 역시 '물을 마시는 용기' 라고 단정할 순 없습니다. 연필을 꽂으면 한순간에 연필꽂이로 변신합니다. 그뿐인가요? 말다툼을 하다가 이 컵을 상대방에게 던져 부상을 입혔다면 대번에 흉기가 되어버리죠.

이 두 가지 예는 이 세상에 존재하는 사람과 사물 중 고정적으로 존재하는 것은 아무것도 없다는 것을 보여줍니다.

컵이 연필꽂이로 보인다는 단순한 예를 통해, 이 세상의 진리란 너무나도 과장되었다고 말할 수 있을지도 모릅니다. 하지만 실은 이 관점과 관계의 방식이 당신의 인생과 비즈니스를 풍요롭게 할 수도 있고 빈약하게 할 수도 있는 중요한 갈림길입니다.

제2장에서 타자의존, 자기의존, 상호의존에 관한 이야기를 했습니다. 이들 세 가지 태도에서는 컵을 어떻게 볼까요? 그리고 컵과 어떻게 관계를 맺을까요? 이에 따라 인생과 비즈니스가 풍요로워질지, 빈약해질지가 결정됩니다.

당신 역시 주위에 존재하는 사람과 사물에 대해 당신의 견해와 관계의 방식으로 판단하여 단정하거나 이해하는 것은 아닐까요? 바로 여기에 함정이 있습니다. 게다가 당신을 불행으로 이끌고 있는 함정입니다.

풍요로운 인생과 비즈니스를 얻기 위해서는 주변에 있는 사람과 사물에 대한 당신의 견해와 관계의 방식을 재검토할 필요가 있습니다.

'그런 거야 뭐, 어떻게 되든 상관없어'라고 생각할지 모르지만, 사실 그렇지 않습니다. 사물에 대한 견해와 관계의 방식으로 당신의 인생과 비즈니스가 풍요로워지기도 하고 빈약해지기도 하기 때문입니다.

| 그림 20 | **사람과 사물에 대한 견해와 관계의 방식**

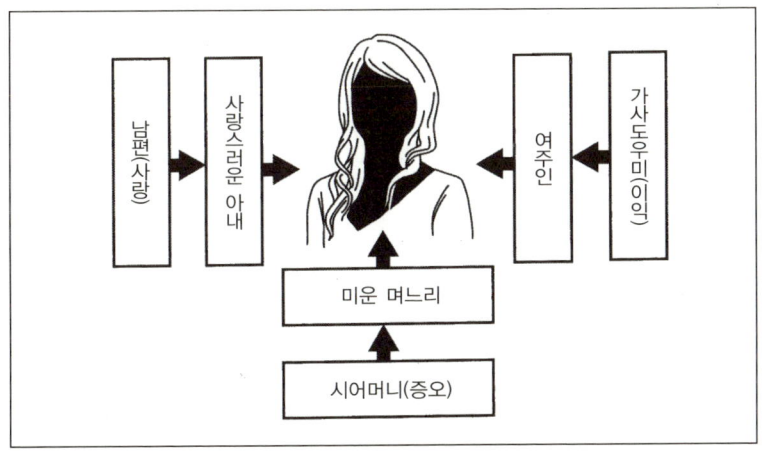

'돈이 많다' 라거나 '특수한 능력이 있다' 라는 것만으로 인생과 비즈니스에서 계속 성공할 수는 없습니다. 왜냐하면 우리는 관계를 맺는 방식에 따라 대상이 수시로 변화하는 세계 안에서 살아가고 있기 때문입니다. 예를 들어 당신이 관계를 맺는 방식에 따라서 대상은 연인이 되기도 하고 친구가 되기도 하며 동료가 되기도 합니다. 그러므로 이 세상에는 타자와 아무런 관계를 맺지 않고 독립적으로 존재하는 사람은 하나도 없다는 것을 인식할 필요가 있습니다.

다시 말해 이 세상에 존재하는 모든 것은 '환상' 과 같이 실체가 없는 것으로 파악하는 것이 정상적인 견해이며 관계의 방식입니다. 이 말에 대해 누군가는 이렇게 물을 것입니다.

"잠깐만요! 그럼 왜 현실에 연인, 친구, 단골손님이라는 구체적인 대상이 존재합니까? 사물도 내 차, 내 집, 내 가방과 같이 구체적인 것이 많지 않습니까?"

그것은 당신의 견해와 당신과의 관계에 따라 본래는 실체가 없는 사람과 사물이 실체가 되어 나타난 것입니다. 앞서 말한 사랑스러운 아내, 얄미운 며느리, 여주인이라는 실체를 가지는 여성이 그 예입니다. 또 물컵, 연필꽂이, 흉기도 얘기했었지요. 즉 이 세상의 모든 사물은 당신과 맺는 관계의 방식으로 현실에서 구체적인 모습을 가지고 나타나는 것입니다.

이 법칙을 알기 쉽게 설명한 것이 **'상호의존 원칙'** 입니다. 상호의존 원칙은 즉흥적인 표현이 아니라 이 세상에 존재하는 모든 것의 본질(진리)을 나타낸 것입니다.

이 상호의존 원칙을 다른 말로 바꾸면 '공(空)'이라고 합니다. 이는 '이 세상의 모든 것은 실체가 없다' 라는 뜻입니다. 실체가 없는 사물이 타자와의 관계에서 현실로 나타나는 거죠.

당신은 이 실체가 없는 현실세계에서 대상을 어떻게 파악할 것입니까? 즉, 어떻게 관계를 맺을 것입니까?

이 문제를 해결하기 위한 수단이 만다라차트가 등장한 첫 번째 이유입니다. 두 번째 이유는 '마음의 구조와 기능'에 관한 것입니다.

2. '밧줄'을 보고 '뱀'을 떠올리는 인간의 마음

앞에서 '나와 관계 맺는 방식으로 대상(타자)이 출현한다'는 이 세상의 규칙에 대해 알아보았습니다. 당신이 관계를 맺는 방식에 의해 타자는 당신 앞에 사랑하는 사람으로도, 미운 사람으로도 나타납니다.

당신과 타자의 관계는 평소에는 말과 태도로 나타나지만, 그러한 현상은 모두 당신의 마음이 그렇게 하라고 시키는 것입니다. 즉, 당신의 행동이 타자의 판단방식에 영향을 미치는 것입니다.

그렇다면 당신의 행동은 무엇으로 결정될까요?

그것은 '마음'이 지시하고 명령한다고 할 수 있습니다. 당신의 마음이 주변의 모든 사람과 사물을 만들어내는 근본 원인입니다. 이 말을 들으면 누구나 놀라겠지만, 이 진리는 풍요로운 인생과 비즈니스를 위해 빠트릴 수 없는 조건임을 인식할 필요가 있습니다. 따라서 당연히 '마음의 구조와 기능'에 관해 밝혀야 합니다.

누군가는 또 이렇게 말할지도 모릅니다.

"마음이라는 것은 프로이트와 융 등 저명한 학자들이 연구해 현재에 이르렀으며, 일반적으로는 이해하기 어려운 것 아닙니까?"

그렇지 않습니다. '마음의 구조와 기능'은 실로 간단합니다. 예컨대 지금 당신이 제 책을 읽는 것도 '마음'이 있어서니까요.

마음의 구조는 나무의 나이테처럼 여러 층으로 되어 있습니다

제6장 만다라차트 사고가 이 세상과 당신의 마음을 구체화한다

(〈그림 21〉 참조). 게다가 4층으로 이루어진 단순한 구조입니다.

우선 가장 외측에 외부와 접하는 층 안에 '감각기관'인 5개의 마음이 있습니다.

> 제1번 마음: 사물을 인식하는 눈 → **시각**
> 제2번 마음: 목소리를 인식하는 귀 → **청각**
> 제3번 마음: 냄새를 인식하는 코 → **후각**
> 제4번 마음: 맛을 인식하는 혀 → **미각**
> 제5번 마음: 만지는 것으로 인식하는 피부 → **촉각**

이 5개의 마음이 우리의 최전선 기능을 담당하고 외부에서 내부로 정보를 전달합니다.

외부와 접하는 첫 번째 층이 두 번째 층에 전달합니다. 두 번째 층에는 제6번 마음인 **'의식'**이 존재합니다.

의식은 5개의 감각기관에서 얻은 정보를 이해하는 마음입니다. 예를 들면 '내가 알고 있는 빨간 모자를 쓴 A 씨'와 같이 시각 정보가 전달되어 이해에 이르는 구조입니다.

마찬가지로 귀로는 말과 음악, 코로는 된장국과 꽃의 냄새, 혀로는 주스와 스테이크의 맛, 피부로는 만져보고 알게 되는 딱딱하다 또는 부드럽다는 감촉 등이 두 번째 층인 제6번 마음에 전달되

| 그림 21 | 4개의 층과 8개의 마음으로 구성되는 '마음'

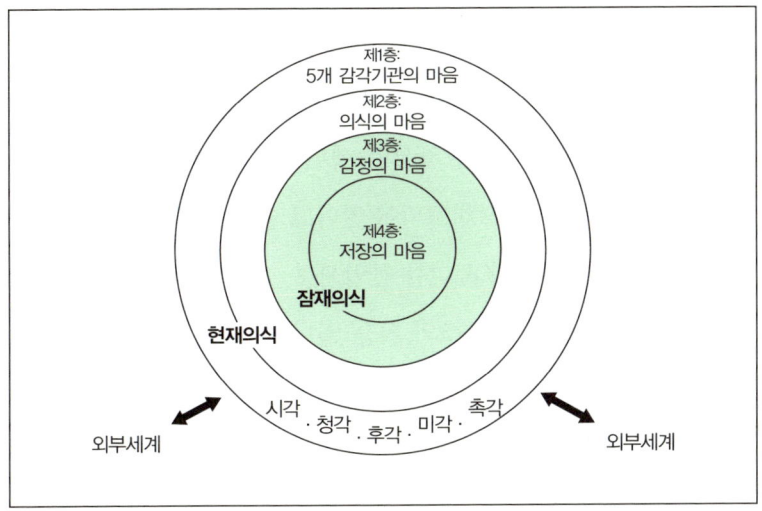

어 이해됩니다.

의식은 이해한 것을 세 번째 층에 전달합니다. 세 번째 층에는 제7번 마음이 존재합니다. 이 제7번 마음은 '좋고 싫음'과 같이 제6번 마음에서 얻은 인식 정보를 분류해 판단합니다.

시각에서는 제6번 마음에서 인식된 정보를 좋고 싫음의 감정으로 판단합니다. '오늘 빨간 모자를 쓴 A 씨는 화려하고 아름답지만, 나는 그 경박스러운 태도가 싫어'와 같이 감정적으로 파악하는 것입니다. 이 제7번 마음은 **'감정'** 입니다.

안쪽의 네 번째 층은 태어나서부터 지금까지 했던 행동과 말뿐만 아니라 마음으로 생각한 착한 행위, 나쁜 행위, 착하지도 나쁘지도 않은 행위를 종자로서 축적하는 '창고·저장고'와 같은 마음입니다. 그리고 이 네 번째 층에 있는 제8번 마음은 당신의 부모와 그 전의 조부모 등이 하셨던 행위도 간직하고 있다고 말할 수 있습니다. 즉 DNA도 내포되어 있다고 할 수 있죠. 이 제8번 마음을 **'저장'**의 마음이라고 이름 붙입시다.

이것이 당신의 '마음 구조와 기능'입니다.

3. 인간의 마음은 감정에 지배된다

이제 '마음의 구조와 기능'은 이해하게 되었을 것입니다.

그렇다면 당신의 행동은 마음의 어느 부분이 크게 작용해서 일어나는 것일까요? 그 메커니즘을 생각해봅시다.

우선, 두 번째 층에 존재하는 '의식'이라는 마음은 '현재의식'이라고 합니다. 외측 첫 번째 층의 감각기관인 5개의 마음으로부터 얻은 정보를 이해하고, 세 번째 층인 '감정'을 제어하고 바른 판단을 내리는 곳이라고 생각하는 것이 일반적입니다.

예를 들어 당신이 지금 이렇게 책을 읽고 판단하는 마음의 메커니즘을 살펴볼까요? 당신의 눈을 통해 들어온 정보를 두 번째 층인 '의식'이 이해하고, 세 번째 층에서는 '감정'을 제어하면서 책 내용을 이해하고 있다는 흐름입니다.

그러나 이것은 큰 착각입니다. 인간의 마음은 그 정도로 단순하지 않습니다. 당신의 마음을 사실상 지배하고 있는 것은 세 번째 층인 '감정'이라는 마음입니다. 즉 사령탑의 역할을 하는 것이 현재의식인 두 번째 층이 아니고, 잠재의식인 세 번째 층이라는 뜻입니다.

그리고 성가시게도 '감정'의 마음은 '의식'을 이해하지도 제어하지도 않습니다. 따라서 당신의 '감정'이라는 마음이 일단 난폭하게 굴기 시작하면 손쓸 수 없게 되어버립니다.

당신도 감정에 좌우됐던 경험이 한 번쯤은 있겠지요? 즉 '감정'이라는 마음은 두 번째 층인 '의식'이라는 마음 등에 대해 애초부터 듣는 귀 등을 가지고 있지 않습니다.

게다가 더욱 성가신 문제가 있습니다. 잠재의식하에 있는 '감정'이라는 마음은 어둠의 제왕처럼 네 번째 층에 있는 '저장'의 마음도 지켜보고 있습니다. 앞서 말한 것처럼 '저장'의 마음은 인간이 태어나서 지금까지 취했던 착한 행위, 나쁜 행위, 그 어느 쪽도 아닌 행위와 같은 모든 것을 종자로서 저장하고 있습니다. 즉 이 네 번째 층에는 그 사람 자신의 경험에 의해서만 존재하는 세계가 만들어져 있습니다. 이 자신만의 세계를 통해서 '감정'의 마음이 '의식'에 명령하고 감각기관을 움직여 행동하게 하는 것입니다.

알기 쉽게 말하자면, 과거에 뜨거운 주전자를 만져서 화상을 입은 경험이 있다면 이것이 나쁜 행위로 인식되어 네 번째 층에 저장되고, '주전자는 만지면 뜨겁다' 라는 감정이 의식에 자리 잡습니다. 그러면 주전자를 들어야 하는 상황이 되었을 때, 뜨겁지 않은 주전자일지라도 감각기관인 손은 만지는 것을 순간적으로 주저하게 됩니다.

이렇게 생각하면 당신이 감정의 노예가 되어 행동을 지배받고 있다는 사실을 알 수 있겠지요?

물론, 자신은 지금까지 이성으로 감정을 억누르고 외부와 제대로 접촉하고 있다는 반론도 제기될 수 있습니다. 맞습니다. 이 '감정' 이라는 마음은 평소에는 말썽부리지 않고 어른스럽게 조용히 있습니다. 그러나 일단 타인이 보지 않는다거나 이해관계가 얽힌 상황이 되면 번쩍거리는 어금니를 드러내고 욕망을 달성하기 위해 행동을 취합니다. 평소 그토록 사이가 좋던 형제·자매가 유산을 둘러싸고 한치의 양보도 없는 싸움을 하는 것이 전형적인 예입니다.

4. 인간의 마음이 가지는 특성을 만다라차트로 표현하다

마음의 구조와 기능, 그리고 그 메커니즘을 통해 '당신의 마음이 세계를 만들어낸다' 는 진리를 이해했으리라 생각합니다.

| 그림 22 | **당신의 마음이 세계를 만들어낸다**

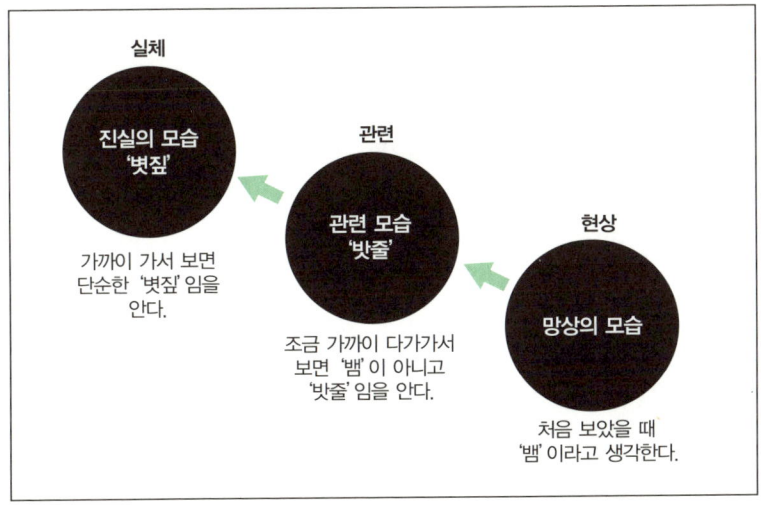

그러므로 이 세상에 외부세계, 즉 의식과 관계없이 독립적으로 존재하는 것은 없다고 할 수 있습니다. 당신의 마음이 이 세계를 만들어내고 있습니다.

당신은 밧줄을 보고 뱀이라 생각해 놀란 경험은 없습니까?

평소에 밧줄이나 뱀을 보기는 쉽지 않으니 다른 예를 들자면, 부엌에서 바퀴벌레가 나타났다고 생각해 비명을 질렀는데 자세히 보았더니 쓰레기였던 경험은 혹시 없습니까?

우리는 이것을 간단히 '착각'이라고 말하고 지나쳐버립니다.

그러나 지금부터 1,600년 전 부처로부터 3세대가 지난 시점,

대승불교의 제자 인도인 바수반두(世親)는 우리와 달랐습니다. 본래는 '볏짚'이고 잘 보면 '밧줄'인데 이를 '뱀'이라고 본 것은 결코 착각이 아니라 그 사람에게 그때는 정말로 '뱀'으로 보인 것이라고 이해했습니다. 그리고 이러한 진리를 다음과 같이 예로 들어 설명했습니다.

"사람이 강이라고 보는 것도 물고기는 도로와 집이라고 본다."

즉 우리는 이 세상을 자신의 취향에 맞춰서 보고, 스스로 자신의 세계를 만들고 있다는 얘기입니다.

인간의 마음이 가지고 있는 이 특성을 바수반두는 '오로지 의식뿐'이라는 뜻으로 '유식(唯識)'이라고 불렀습니다.

만다라차트를 활용하지 않으면 해결할 수 없는 '이 세상'과 '마음'의 통합

지금까지 '만다라차트 구조'가 등장하게 된 두 가지 조건을 이야기했습니다.

첫째는 '이 세상'은 실체가 없고 타자와의 관계로 나타나는 상호의존 원칙으로 구성되어 있으며, 그것에는 만다라차트 구조가 가장 적합하다는 것입니다.

둘째는 마음의 구조와 기능에서는 잠재의식인 '감정'이 주도권을 가지고 있고, 그 감정은 자기 자신의 경험이 만들어낸 세계인 '저장'과 결탁해 의식이나 감각기관이 행동을 결정하도록 한다는 것입니다.

이상을 생각하면 우리가 상호의존 원칙에 따라 자기 현실로 향하기 위해서는 마음속의 네 번째 층과 세 번째 층, 즉 '저장'과 '감정'의 마음이 관계를 끊을 필요가 있습니다. 이때 유효한 수단이 '만다라차트 구조'입니다. 이에 따라 두 번째 층인 '의식'이 '감정'을 제어할 수 있게 됩니다.

우리는 평소 가벼운 마음으로 행동하지만, 그 행동에는 반드시 원인과 결과가 동반됩니다. 결과가 좋은 경우도 있고 좋지 않은 경우도 있습니다.

그렇다면 항상 좋지 않은 사람은 어떻게 해야 할까요?

아마도 이런 고민을 할 것입니다. '왜 나는 목표를 실현할 수 없는 걸까? 이렇게 열심히 하는데…'

제2장에서 서술한 타자의존과 자기의존이 되어버린 사람은 고민의 원인이 사실 '마음'에 있었던 것입니다. 이 세상은 실체가 없는 '공'이기 때문에 당신의 일거수일투족을 통해 어떻게든 변화해 당신 앞에 나타납니다. 즉 당신의 행동이라는 원인이 결과로서 현실이 되는 것입니다.

게다가 그 마음은 세 번째 층에 있는 '감정'에 지배당하고 있고 손익계산을 통해 가치판단을 합니다. 그래서 두 번째 층에 있는 이성적인 '의식'이 오염되고 그와 함께 외부와 접촉하는 감각기관인 5개의 마음도 손익을 따져 행동하게 되는 것입니다.

타자는 그러한 당신의 행동을 금방 파악하고 무참한 결과를 안겨줍니다.

인간은 자신의 행동이 바른지 바르지 않은지를 판단하는 데 서툰 동물입니다. 그 때문에 당신의 행동, 그러니까 '원인에서 발생한 결과'를 판단하기 위해서는 당신에 대한 타자의 행위를 볼 수밖에 없습니다.

바로 이런 이유로 우리는 행동의 기본 축이 되는 목표 설정에 만다라차트 사고를 활용해야 합니다. '중심핵이 있는 9칸'에 상호의존 원칙을 바탕으로 한 목표를 설정하고, '감정'을 자기중심의 손익계산에서 상대에게 이익을 주는 행동으로 바꿔가야 합니다.

만다라차트 사고는 이 상호의존 원칙을 나도 모르는 사이에 적용해 스스로 원칙에 부합하는 행동을 만들어냅니다.

만다라차트의 근간인 '만다라' 개념은 지금부터 1,200년 전 부처로부터 4대째에 해당하는 밀교 제자들이 개발한 것입니다. 우리의 사고방식과 행동을 바르게 인도하는 눈에 보이는 방법입니다.

칼럼

만다라란 무엇인가?

만다라란 산스크리트어로 '만다(manda: 본질·진수)'에 '라(la: 소유)'가 결합하여 생긴 말로 '본질을 소유한 것', '깨달음을 완성한 경지'라는 의미입니다. 구조는 '중심핵이 있는 9칸'이 기본입니다.

만다라에는 '태장계(胎藏界) 만다라'와 '금강계(金剛界) 만다라'라는 두 종류가 있습니다. 태장계 만다라는 상호의존 원칙을 영상화한 것이고, 금강계 만다라는 마음의 구조와 기능을 영상화한 것입니다.

모두 홍법대사(弘法大師)·공해(空海)가 중국 당 왕조 시대인 804년에 일본으로 가지고 들어온 것입니다. 지금도 교토역에서 20분 정도 걸리는 곳에 있는 '도지(東寺)'에서 볼 수 있습니다. 태장계 만다라와 금강계 만다라는 폭 4미터 사방족자로 되어 있고 현재도 법구(法具)로 활용되고 있습니다.

여기에서는 상호의존 원칙을 영상화한 태장계 만다라에 대해서만 간략히 설명하겠습니다.

중태팔엽원

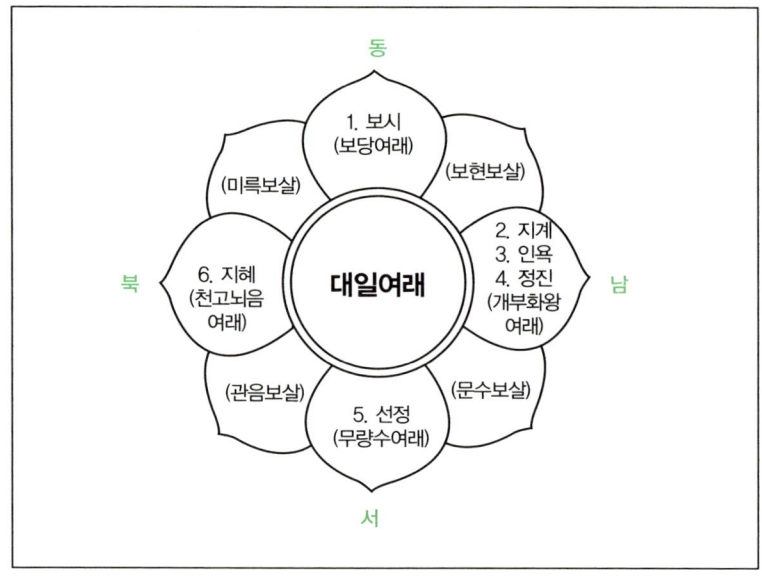

위에 태장계 만다라를 알기 쉽게 나타낸 그림이 있는데, 이것이 '중태팔엽원(中台八葉院)'이라고 불리는 것입니다. '중심에 꽃받침을 가지는 여덟 장의 꽃잎을 배치한 연꽃'을 본뜬 것이죠.

중심에 있는 것이 우주의 진리를 담당하는 '대일여래(大日如來)'입니다. 그리고 동·서·남·북에 깨달은 사람, 즉 여래가 배치되어 있고 그 네 귀퉁이에는 깨닫기 위해서 수행하는 사람들, 즉 보살이 배치되어 있습니다.

말했다시피 태장계 만다라는 상호의존 원칙을 영상화한 것으로, 당신이 상호의존을 구체적으로 실천한다고 할 때 여기에는 6개의 행위가 존재합니다.

제1 행위는 '상대가 기뻐하는 것을 제공하는 것' 입니다. 이것을 '보시(布施)'라고 합니다.
제2 행위는 '상대에 대한 약속을 지키는 것, 부정을 저지르지 않는 것' 입니다. 이것을 '지계(持戒)'라고 합니다.
제3 행위는 '상대가 당신의 호의를 무시해도 화내지 않고 인내하는 것' 입니다. 이것을 '인욕(忍辱)'이라고 합니다.
제4 행위는 '상대가 행복하도록 실천 활동을 하는 것' 입니다. 이것을 '정진(精進)'이라고 합니다.
제5 행위는 '상대와 항상 온화하게 교류하기 위해 마음을 평상심으로 유지하는 것' 입니다. 이것을 '선정(禪定)'이라고 합니다.
마지막 제6 행위는 '선악을 구분할 수 있는 행위' 입니다. 이것을 '지혜(知慧)'라고 합니다.

모든 상호의존 원칙을 '상대를 행복하게 하는 구체적인 여섯 가지 실천 활동' 으로 전환해 표현한 것입니다. 이 여섯 가지 행위를 '육바라밀(六波羅蜜)'이라고 합니다. 21세기에 존재하는 우리가 주위 사람들에게 실천해야 하는 중요한 행위입니다. 이를 '이타행(利他行: 타자에게 이익을 주는 행위)' 이라고 합니다.
교세라의 이나모리 가즈오(稻盛和夫) 명예회장도 이 이타행을 설명하고 실천함으로써 성공을 거둔 사람 중 한 명입니다.
이 '여섯 가지 실천' 을 동서남북에 배치된 여래들에게 배당합니다.
상단 중앙에 있는 보당여래(寶幢如來)는 오른손으로 '부디' 라고 표현하고 있습니다.
남쪽에 있는 개부화왕여래(開敷華王如來)에는 제2~4 행위에 해당하는 지계·인욕·정진을 배치합니다. 개부화왕여래는 오른팔을 옆구리에 붙이고 손바닥을 아래로 향하게 해 상대를 향해서 펼치고 '당신을 위해서 해를 주는 것이 아니라 지계·인욕·정진합니다'라고 표현하고 있습니다.

하단 중앙 서쪽에 있는 무량수여래(無量壽如來)는 제5 행위인 선정의 자세를 표현하고 있습니다. 그리고 좌측 중앙의 북쪽에 있는 천고뇌음여래(天鼓雷音如來)는 오른손을 대지에 짚고 깨달음의 진수인 제6 행위, 지혜를 표현하고 있습니다.

그리고 동남쪽에는 보현보살(普賢菩薩)을 배치했고, 보당여래가 실천하는 제1 행위인 보시에 협력합니다. 남서쪽에는 문수보살(文殊菩薩)을 배치했고 개부화왕여래의 행위에 협력합니다. 북서쪽에는 관음보살(觀音菩薩)을 배치했고 무량수여래의 행위인 선정에 협력합니다. 북동쪽에 배치한 미륵보살(彌勒菩薩)은 천고뇌음여래의 행위인 지혜에 협력합니다.

이렇게 해서 태장계 만다라는 상호의존의 우주 원칙을 훌륭하게 영상화하였습니다.

만다라는 인간의 '뇌'와 '마음'을 연결한다

1. 뇌와 마음은 어떤 관계일까?

인간의 '마음의 구조와 기능'을 알게 된 지금, 당신은 마음과 뇌가 어떤 관계라고 생각합니까?

최근에는 뇌가 대단히 주목받고 있습니다. 도쿄대학 의학부 명예교수 요로 다케시(養老孟司)가 '알기 쉬운 뇌 시리즈'를 출간했고, 게임기를 만드는 회사에서는 뇌를 활성화하는 상품을 컴퓨터에 탑재해 판매하고 있습니다.

감각적으로 볼 때 '뇌'라고 하면 뭔가 과학적인 느낌이 들고, '마음'이라고 하면 정서적인 느낌이 듭니다. 뇌과학도 많이 발달했기에 지금쯤은 많은 사람이 뇌가 마음을 만들어낸다는 사실 정도는 이론적으로 알고 있으리라 생각합니다.

그런데 현재에도 뇌와 마음이 같은지 다른지로 논쟁이 벌어지고 있습니다. 결론을 얘기하자면, 뇌와 마음은 동일하다고 할 만한 증거가 있습니다. 그 전에 뇌의 구조에 대해서 간단히 설명하겠습니다.

1968년, 폴 D. 매클린(Paul D. MacLean)이라는 미국 뇌과학자가 뇌에 관한 새로운 이론을 발표했습니다. 인간의 뇌는 파충류의 반사뇌(反射腦), 포유류의 정동뇌(情動腦), 신포유류(즉 인간)의 이성뇌(理性腦)라는 세 가지 뇌가 균형을 이루고 있다는 내용입니다.

즉 인간의 뇌에는 '악어의 뇌'와 '돼지의 뇌'와 '인간의 뇌'가 공존하며, 이들 간에 균형을 유지하는 것으로 인간을 인간답게 한다는 사실을 밝힌 것입니다. 그럼 이 세 가지 뇌는 각각 어떤 특성을 가지고 있을까요?

제1의 뇌는 소뇌로, 악어(파충류)의 뇌입니다.

소뇌는 중추신경과 자율신경에 연결되어 있는, 생명을 유지하는 데 중요한 뇌입니다. 역할에 따른 특성으로는 '둥지 만들기 행동', 즉 가정을 가지는 행동과 '영역 행동', 즉 권력 의지 등이 있습니다.

제2의 뇌는 중뇌로, 돼지(포유류)의 뇌입니다.

중뇌는 '대뇌변연계'라고 하고 감정을 담당하는 편도체와 인지기억 및 단기기억을 담당하는 해마를 포함해 뇌간에 연결되어 있습니다. 이 '감정의 뇌'는 욕망·증오·공포·슬픔·기쁨·애정에 대해 개인적이고 주관적 행위를 보이며, '감정적 행동'이라는 특성을 가지고 있습니다.

제3의 뇌는 대뇌로, 인간(신포유류)의 뇌입니다.

대뇌는 '대뇌 신피질'을 가리키며 팽창과 분화를 거듭해 인간의 뇌 대부분을 차지하게 되었습니다. 대뇌에는 크게 두 가지 특징이 있습니다. 첫째는 시각, 청각, 촉각, 미각, 후각과의 밀접한 관계에서 인간을 둘러싼 외부세계와 접하는 기관을 가지고 있다는 것입니다. 둘째는 인간의 다양한 주관적·심리학적 상태를 언어로 표현하는 신경기구를 가지고 있다는 것입니다.

그리고 인간의 이성뇌인 대뇌 신피질과 동물의 정동뇌를 합하면 창조 기능이 놀랍게 발현됩니다.

대뇌의 기능은 우뇌와 좌뇌로 나눕니다. 좌뇌는 언어 인식, 논리적 사고, 계산, 잠재의식 활용 등의 능력을 갖추고 있습니다. 우뇌는 '이미지 기억, 직감, 영감, 창조성, 순간기억' 등의 능력을 갖추고 있습니다.

현재 과학이 파헤친 뇌의 구조와 기능은 여기까지입니다. 앞으로는 더 많은 부분이 밝혀지겠지요.

2. 뇌의 구조와 기능은 만다라 구조와 동일하다

앞에서 마음의 기능과 구조가 만다라로 표현되었음을 설명했습니다. 그 내용을 한 번 더 정리해보겠습니다.

우선, 외부와 접하는 눈·귀·코·혀·피부 등 5개 감각기관의 마음이 있습니다. 이 감각기관에서 얻은 정보를 인식하는 '의식', 이 의식을 좋고 싫음으로 판단하는 '감정', 그리고 지금까지의 모든 행위를 담아두는 '저장'의 마음이 있었습니다.

이 구조를 매클린 박사가 밝힌 뇌의 구조와 기능과 비교해봅시다.

■ 마음과 뇌의 비교

	마음의 구조와 기능	뇌의 구조와 기능
발견된 해	5세기	20세기
발견자	바수반두	폴 D. 매클린 박사
I	5개의 감각기관	5개의 감각기관
II	제6번 마음 '의식'	대뇌, 이성뇌
III	제7번 마음 '감정'	중뇌, 정동뇌
IV	제8번 마음 '저장'	소뇌, 반사뇌

시대, 문명, 문화, 사회 환경이 다른 가운데 마음과 뇌의 구조 및 기능에 대해 알아낸 내용이 이 정도로 유사한 것은 정말로 놀랍다고밖에 말할 수 없습니다.

사실상 뇌는 10만 년도 더 전에 호모사피엔스가 탄생한 이후부터 현재에 이르기까지 거의 변화하지 않았다고 합니다. 그래서 부처의 제자들이 명상(요가)을 통해 밝혀낸 내용과 현대의 뇌과학자가 근대적 방법을 사용해 밝혀낸 내용이 같은 거죠.

한마디로, '뇌 = 마음 = 만다라 구조'라고 말할 수 있습니다.

21세기는 '마음의 시대', '뇌의 시대'라고도 불립니다. 이런 21

| 그림 23 | 마음의 구조 = 뇌의 기능

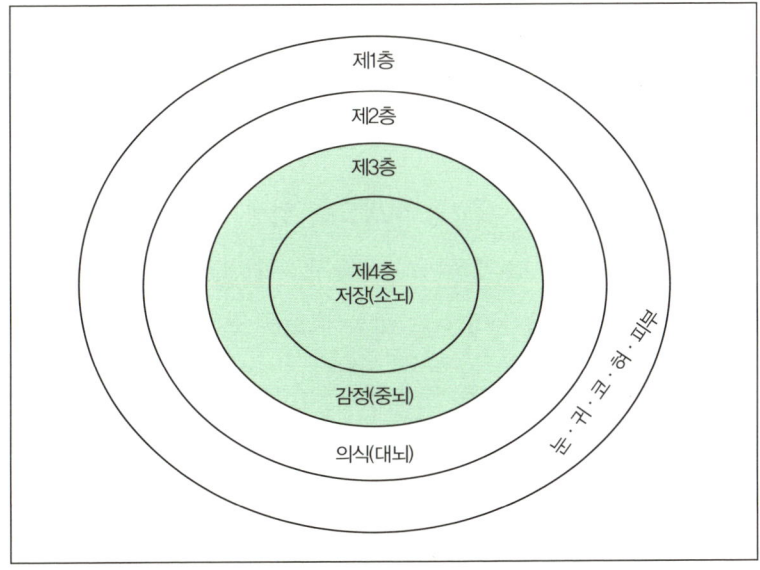

세기의 과학적 발견과 1,000년도 더 전의 발견이 공통된 구조와 기능을 갖추고 있다는 사실은 굉장히 흥미로운 일입니다.

만다라에 의한 마음의 해명을 뇌의 개발에, 뇌과학에 의한 뇌의 해명을 마음의 개발에 응용할 수 있다는 것은 21세기를 살아가는 우리에게 인생과 비즈니스의 풍요로움을 추구하는 데 보다 폭넓은 가능성을 보여주는 것이 분명합니다.

뇌에 직결되어
자기 현실을 구체적인 형태로 표현한
수첩 기록 기술

지금까지 만다라차트 사고를 바탕으로 인생계획 · 비즈니스계획을 세우고 시간관리를 행동관리로 바꾸는 연간선행계획 · 월간기획계획, 그리고 실제 행동으로 바꾸기 위한 주간행동계획 · 일간실천계획을 살펴봤습니다.

이 여섯 가지를 한 권으로 관리하는 도구가 바로 '만다라차트 비즈니스 수첩'입니다.

만다라차트 비즈니스 수첩에는 많은 효과가 있습니다. 그중에서도 가장 효과적인 활용법은 본서의 흐름에 따라 목표 · 계획을 세우고, 이를 일정에 넣어 실천 · 행동하는 것입니다. 이 수첩 한 권으로 당신 자신을 관리하는 것입니다.

① 인생계획을 만다라차트 사고로 계획하고 실천한다.
② 비즈니스계획을 만다라차트 사고로 계획하고 실천한다.
③ 1년 전부터 현재를 보는 연간선행계획을 세우고 실천한다.
④ 월간기획계획을 기획 · 개발형으로 계획하고 실친한다.
⑤ 주간행동계획을 만다라차트 사고로 계획하고 실천한다.

| 그림 24 | 만다라차트 비즈니스 수첩의 활용 순서

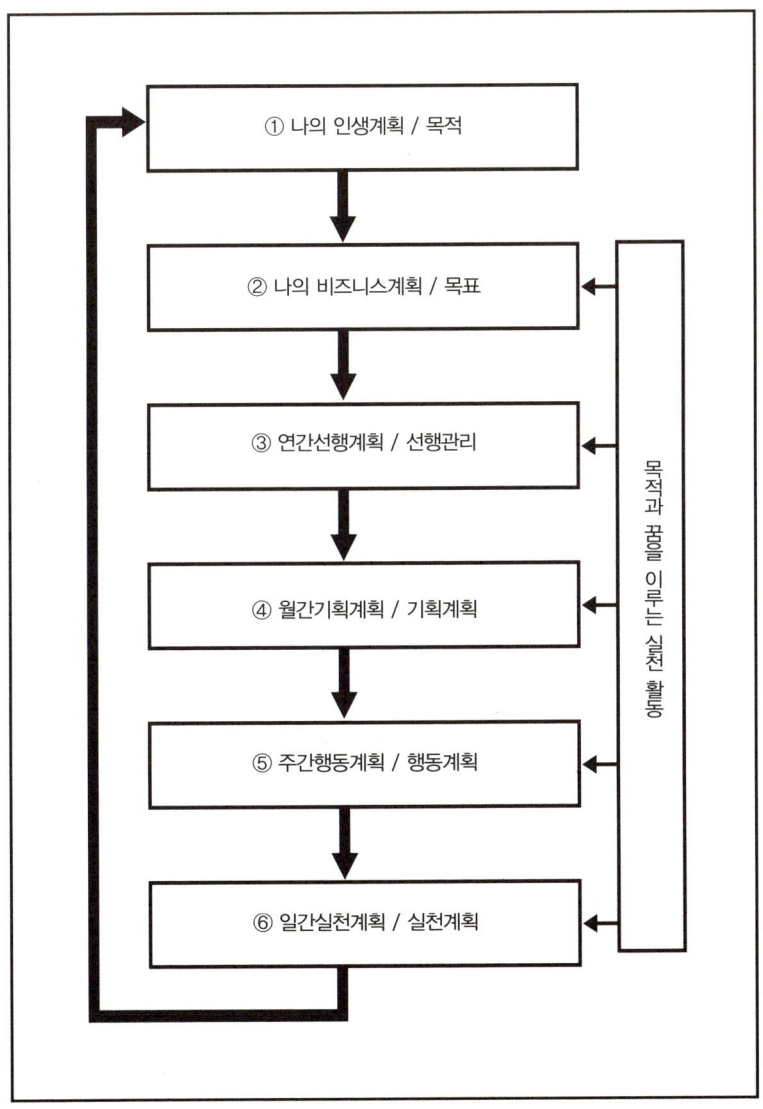

제6장 만다라차트 사고가 이 세상과 당신의 마음을 구체화한다

⑥ 일간실천계획을 주간 행동과의 관계 속에서 계획하고 실천한다.

⑦ 인생계획, 비즈니스계획, 연간·월간·주간·일간계획의 가설을 세우고 검증한다(CAPD 사이클).

⑧ 만다라차트 비즈니스 수첩 한 권으로 일원화하여 관리한다.

이상과 같이 체계화된 만다라차트 비즈니스 수첩 프로그램에 따라 계획하고 실천하면, 당신의 인생과 비즈니스는 확실히 향상될 것입니다.

한 권으로 당신의 모든 것을 관리할 수 있는 이 기능은 다른 수첩에는 없는 특징입니다.

계획·목표를 세우고 행동했다면 그것을 체크해야만 의미가 있습니다. 계획·목표는 행동을 통해 처음으로 검증됩니다. 행동은 올바른 것이었는지, 혹시 계획·목표 자체를 재고할 필요는 없는지 등을 알 수 있습니다. 결과가 어떻든 반드시 그 결과를 확인하고, 개선책을 생각하고 실행하는 것이 필수적입니다.

목표를 설정하고, 행동계획을 세우고, 실행하고, 체크하여 개선책을 생각하고, 다시 목표를 설정하는 '일원화 관리'가 이 한 권으로 이뤄집니다. 다시 말해 당신의 뇌가 이 수첩 안에 응축된 형태라고 할 수 있습니다.

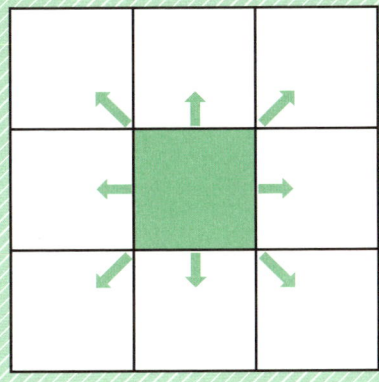

제7장

만다라차트 사고가 영감과 아이디어를 낳는다

만다라차트 사고가 영감과 아이디어를 낳는다

'3×3의 9칸'이 가지는 힘

만다라차트 사고의 가장 큰 특징은 '중심핵이 있는 9칸' 매트릭스라는 점입니다. 이것이 전체와 부분의 관계와 힘을 종이 한 장에 표현할 수 있는 뛰어난 차트라는 사실을 뇌와 마음의 구조를 통해서도 다시 한 번 확인했습니다.

 사람은 동시에 여러 방향에서 만다라적으로 사고합니다. 만다라차트 사고는 혼돈을 정리하고 구체화해 선명하게 합니다. 선명해진 의식은 현재의식에서 잠재의식으로 옮겨가 깊이 새겨져서 행동으로, 이어서 목표 실현으로 향합니다. 이 특징을 살려 인생계획, 비즈니스계획, 주간행동계획, 일간실천계획에 활용하는 것이 바로 만다라차트입니다.

| 그림 25 | **MY 만다라차트**

F	C	G	메모란
B	주제	D	
E	A	H	

제7장 만다라차트 사고가 영감과 아이디어를 낳는다

따라서 이 차트를 정신력을 단련하고 영감과 아이디어를 끌어내는 도구로도 사용할 수 있습니다. 기본적인 사용법은 만다라차트의 중심핵에 주제를 적어넣고, 그 주위에 주제에 필요한 요인을 기입하는 것입니다. 이렇게 하면 주제가 구체화되어 실제 행동으로 연결되기가 쉽습니다.

만다라차트는 그 밖에도 다양하게 활용할 수 있습니다. 구체적으로 예를 들자면 정보 정리, 아이디어 정리, 강연 기록, 회의 기록, 프로젝트 기획 등이 있습니다. 또 사전회의 때도 이 만다라차트를 사용하면 새로운 아이디어가 떠오릅니다.

만다라차트가 영감을 가져온다

저는 만다라차트를 사용하면 영감이 떠오른다는 말을 자주 듣습니다. 까다로운 문제에 부딪혀 끙끙거리고 있을 때 만다라차트를 활용하면 뇌가 그 답을 가르쳐줍니다.

만다라차트를 활용하는 단체 중에 IT코디네이터협회라는 곳이 있습니다. 크리에이티브의 첨단을 달리는 그들이 영감과 아이디어를 창출하는 장소가 바로 이러한 아날로그 차트인 것입니다. 그들은 만다라차트가 유연한 발상을 할 수 있게 해준다는 사실을 잘 알고 있습니다. 그러고 보면 뇌의 구조와 만다라차트는 서로 멋진 관계를 맺고 있다고 생각됩니다.

만다라의 효과를 설명하고 이것을 활용한 인물 중에 잘 알려진 사람이 있습니다. 정신의학자 카를 구스타프 융(Carl Gustav Jung)입니다.

그는 정신분석의 창시자 지그문트 프로이트(Sigmund Freud)와 절교한 후, 심각한 정신적 슬럼프에 빠졌습니다. 그때 매일 아침 노트에 작은 원형의 그림, 즉 만다라를 그렸습니다. 그것을 바라보면서 자기 마음의 내면과 마주한 후 슬럼프를 탈출했다고 합니다.

이후 그는 환자들에게 자신의 세계를 그림으로 그려보라고 했습니다. 그랬더니 자신의 경우와 마찬가지로 대부분 만다라의 형태를 그린다는 것을 알게 되었습니다. 그 그림에서는 중심핵부터 모든 것이 질서정연하게(무질서하거나 대립하거나 단절된 것까지 모두) 동심원상에 배치되어 있었습니다.

이를 통해 융은 만다라가 어려움에 처하거나 갈등으로 괴로워할 때 나타나서 그것을 해결하는 데 도움을 준다는 사실을 발견했습니다. 융이 만다라의 효과를 발견하던 당시 그는 산스크리트어의 '원(圓)'이라는 의미(이것이 '만다라'의 뜻임–옮긴이)로 사용했습니다다. 그로부터 10년 정도 지나서 불교의 만다라를 알게 됩니다. 융의 날카로운 통찰력이 돋보이는 일화입니다.

영감과는 무관한 일로 보일 수도 있지만, 저는 그렇지 않다고 생각합니다. 융 자신이 프로이트라는 위대한 정신분석 창시자와 절교한 사건은 그로서는 중대한 갈림길에 서게 된 일입니다. 싸우고 결별해버렸으니까요. 이 문제가 융의 머릿속을 내내 지배하고 있었을 겁니다. 그 고민을 해결한 것이 만다라이므로 이는 영감이 가져온 결과가 아닐까요? 그 후 만다라를 활용해 환자를 치료하고 성과를 올린 사례도 모두 마찬가지이고요.

영감은 결코 우연이 아닙니다. 당신의 뇌는 이미 알고 있습니다. 당신이 성공할 방법도 실패할 방법도 이미 알고 있습니다. 뇌는 '주인'인 당신이 저장(아카이브)하는 다양한 기억 속에서 당신의 현재 문제를 해결하는 데 필요한 답을 준비하고 있습니다.

그러나 안타까운 것은 그 답을 끌어내는 방법을 모른다는 것입니다. 그래서 뇌도 고민하고 그 이상으로 당신 자신도 고민하는 것이죠.

만다라차트는 이것을 끌어내는 가장 강력한 시스템입니다. 뇌는 만다라차트로 사고하고, 뇌에서 떠오른 영감으로 우리는 그 이익을 누릴 수 있습니다.

만다라차트 실천법

만다라차트 사고와 세렌디피티

세렌디피티(serendipity)란 '우연한 발견' 또는 '예기치 않은 행운을 만나는 능력', '생각지 않은 곳에서 좋은 것을 얻는 일'이라는 의미입니다. 최근 들어 자주 사용되고 있지요.

이 말은 '세렌디프(지금의 스리랑카, 옛날 세이론섬)의 세 왕자'라는 우화에서 유래했습니다. 세 왕자는 왕이 가진 것을 얻으려고 목숨을 걸고 모험을 계속했는데, 매번 우연한 발견을 통해 싸워 성장했습니다. 결국 얻으려고 한 것은 얻지 못했지만 그 대신 좋은 것을 얻었다고 하죠. 동화에서는 여행 중에 성장과 지혜를 우연히 얻는데, 그 사례가 너무 많아서 일일이 셀 수도 없을 정도입니다.

사과가 떨어지는 것을 보고 '떨어진다'고 생각하지 않고, '당겨졌다'고 생각해 만유인력을 발견한 뉴턴의 이야기, 욕조에서 넘치는 물을 보고 왕관에 다른 물질이 섞여 있는지 구별하는 방법을 발견한 아르키메데스의 이야기 등은 특히 유명합니다. 우리 주변에서도 우연히 해법을 찾은 이야기는 어렵지 않게 만날 수 있습니다.

이를 흔히 우연이라고 말하지만, 단순한 우연이 아님은 누구나 알고 있습니다. 즉 내내 머릿속에 담아둔 채 쉬지 않고 사고한 결과인 거죠. 그런 점에서는 필연이라고 할 수 있습니다.

영감 또한 이와 마찬가지입니다. 우연이나 행운은 생각지도 않은 상황에서 마주친다기보다 필연적으로 불러내는 것입니다. 이를 불러내기 쉬운 상황을 만드는 데에는 크게 세 가지 요인이 필요하다고 생각합니다.

1. 고정관념을 버린다

사물을 고정적으로 파악하지 않습니다. 다시 말하면 사람들의 관계에서 존재하는 것은 실체가 없다는 의식을 가지는 것입니다.

앞서 예로 들었듯이, 한 명의 여성은 그가 맺고 있는 관계에 따라서 다양하게 받아들여집니다. 컵도 물을 마시는 데에만 사용하는 물건이 아닙니다. 여성은 '사랑스러운 아내', 컵은 '물을 마시는 물건'이라는 고정된 사고를 가지고 있으면 눈앞의 현상을 다른 각도에서 볼 수 없습니다.

즉 새로운 발상을 낳을 수도 있는 현상을 고정관념이 방해하는 것입니다. 'OO는 ㅁㅁ하는 것'이라고 단정해버리면 새로운 발견을 하기란 불가능합니다. 고정관념을 버리면 지금 일어나고 있는 현상에서 힌트를 얻을 수 있고, 이를 실마리 삼아 창의적인 궁리를 할 수 있습니다.

만다라의 특성은 '실체가 없다'는 것에서 출발합니다. 이 사고방식이 고정관념을 버리고 자유로운 발상을 하도록 촉진하기에 익숙한 현상에서도 새로운 생각을 할 수 있습니다. 즉, 만다라차트 사고는 세런디피티를 불러낼 가능성을 높입니다.

2. 시점을 바꾼다

'아이의 눈높이로 본다'는 의미에서 무릎을 구부리고 미술관의 그림을 본다는 광고가 있습니다. 시선이 바뀌면 같은 공간도 전혀 다르게 보입니다. 같은 일이라도 시점을 바꾸면 사고방식 역시 바뀝니다. 만다라차트는 전체를 조감할 수 있는 차트입니다. 높은 하늘에서 지상을 바라보는 '새의 눈'이라고 할 수 있습니다.

동시에 만다라차트는 각 칸, 즉 부분에서 전체를 볼 수 있습니다. 이것은 '개미의 눈'으로 생각할 수 있습니다. 같은 사항이라도 보이는 방식이 전혀 다른 전체와 부분을 통해 관계와 동향을 파악할 수 있습니다. 이것은 '물고기의 눈'이라고 말할 수 있습니다.

각각 다른 시점에서 보면 같은 환경에서도 다른 아이디어가 떠오르고, 다른 것을 발견하고 접할 수 있습니다. 만다라차트는 시점을 바꿔 파악할 수 있기에 지금 필요로 하는 정보를 얻을 가능성이 커집니다.

3. 뇌에 각인한다

뇌에 각인될 만큼 강렬하지 않더라도, 어떤 것인가에 의식을 가지면 바로 그때 지금까지 깨닫지 못했던 정보를 얻게 되던 경험이 당신에게도 있을 것입니다.

예를 들어 당신이 '로마에 가고 싶다. 로마에 가야겠어' 라고 생각했다고 합시다. 바로 그때부터 당신은 이전보다 월등히 많은 양의 로마에 관한 정보를 접하게 됩니다. 텔레비전에서도 특집을 하고, 신문에서도 광고가 눈에 띄며, 휴가차 로마에 다녀왔다는 사람이 주변에 나타나기도 합니다.

'우연이네' 라고 생각하겠지요. 하지만 정보는 항상 넘쳐나고 있었습니다. 당신이 그 정보에 주의를 기울이지 않았을 뿐입니다.

의식을 가지면, 우주에 안테나를 세운 상태가 되어 힘차게 빨아들이는 것처럼 정보와 사람과 사물이 모여드는 것입니다. 이것은 우연이 아니라 필연으로, 이 역시 세런디피티입니다.

만다라 사고에 따라 만들어진 만다라차트 비즈니스 수첩은 만다라차트로 명확해진 목표를 반복하여 확인해줌으로써 뇌에 각인시킵니다. 뇌에 각인된다는 것은 항상 우주에 안테나를 세우고 있다는 뜻입니다. 목표를 달성하는 데 유익한 정보와 힌트는 물론 협력자까지 얻을 수 있습니다.

만다라차트 사고와 수첩이 당신 안에서는 '영감' 을 낳고 밖에서는 자유로운 발상을 하게 하며, 우주에 세워진 안테나로 세런디피티를 불러냅니다.

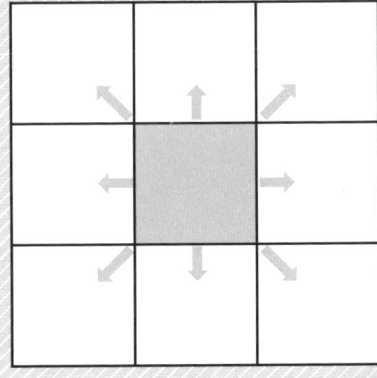

제8장

만다라차트로 인생백년계획을 세운다

만다라차트로 인생백년계획을 세운다

인생백년계획이 자아실현을
가능하게 한다

'미래에서 현재를 보고 올해의 계획을 세운다.'
이것이 인생과 비즈니스를 풍요롭게 하는 데 중요한 원칙입니다. 이 원칙을 바탕으로 여러 방법을 사용하여 장기간의 인생계획 구축법을 다양하게 개발하고 있습니다.

대표적인 장기 인생계획의 예는 가로축의 오른쪽 단에 연도를 적고, 세로축의 상단에 인생의 각 영역을 적어서 가로축과 세로축으로 계획을 구축하는 방법입니다(〈그림 26〉 참조).

이것은 책상 앞에 앉아 쉽게 할 수 있는 방법이기 때문에 언뜻 좋아 보입니다. 그런데 실제로는 당시의 현실 장기 인생계획을 구축할 순 있지만, '풍요롭게 실현해간다' 라는 조건에는 어울리지

| 그림 26 | 가로축 형태의 장기 인생계획

	20대	30대
비즈니스		
가정		
건강		
경제		

않는 시스템입니다.

그럼 만다라차트에서 구축한 '인생백년계획'은 당신의 인생과 비즈니스를 풍요롭게 하는 데 도움이 될까요?

물론 충분히 도움이 됩니다. 만다라차트에는 많은 장점이 있지만, 그중에서도 손꼽히는 것은 중심 영역에 '당신 자신이 존재한다'는 구조상의 장점입니다. 과거 유소년기에도, 현재 세대에도, 당신이 100세가 되었을 때도 직접 접할 수 있습니다.

인생을 실천하는 당신 자신이 중심에 자리 잡고 주위에 과거·현재·미래가 배치되므로 각 세대의 관계가 명확하게 보입니다.

제8장 만다라차트로 인생백년계획을 세운다

참된 성공은 인생 전체를 계획함으로써 그 모습이 드러난다

우리는 왜 목표를 세워 행동해야 할까요?

　사람은 한순간도 행동하지 않고 멈춰 있을 수가 없기 때문입니다. 잠이 들어서 의식이 없는 듯이 보이는 상태에서도 심장은 고동치며 호흡하고 뇌는 꿈을 꾸며 활동을 계속합니다.

　행동에는 반드시 목표와 목적이 있습니다. 목표나 목적이 없는 사람은 자신의 행동에 책임을 지지 않기 때문에 그야말로 몽유병자와 다를 바가 없습니다.

　예를 들어 부엌에 컵을 가지러 가서 까맣게 잊어버리고 '내가 여기 왜 왔지?' 라고 생각한 경험은 없습니까? 왜 내가 여기에 와 있을까, 그 목적을 잊어버리면 사람은 불안해집니다. 그 때문에 사람은 행동을 할 때 반드시 목표·목적을 가지고 있습니다.

　이 사고의 연장선상에 인생백년계획을 구축하는 이유가 있습니다.

1. 과거는 바뀌지만 미래는 바뀌지 않는다

당신의 과기는 바뀌지만 미레는 바뀌지 않습니다.

　이 문장을 읽고 어떤 생각이 드나요? 뜻밖이라고 생각되지 않습니까? 아마도 과거는 지우개로 지울 수 없기 때문에 분명하고 바르게 살아야 한다고 들으며 자랐을 테니까요.

과거는 바뀌지 않는다는 선입관은 절대적인 존재감을 가지고 우리 뇌에 새겨져 있습니다. 그러나 과거를 바꿀 수 없다는 것은 잘못된 고정관념입니다. '지금 당신의 상태'에서 과거는 어떻게든 변화합니다.

예컨대 '현재 만족하는 상태'라면, 그때의 실패가 있었기 때문에 그것이 계기가 되어서 지금 이렇게 행복한 환경이라고 생각할 수 있을 것입니다. 불행하기만 했던 과거가 멋진 추억으로 바뀌는 것이죠. 반대로 현재 일이 잘 풀리지 않는 경우는 '그때 좋았던 일, 기뻤던 일이 역효과를 가져와 지금 이렇게 불행해졌다'가 될 수도 있습니다.

어떻습니까? 지금 상태에 따라서 과거는 완전히 바뀝니다. 누구에게나 과거는 있기 때문에 잠깐 생각해보면 금세 이해가 될 것입니다.

그와 반대로, 미래는 바뀌지 않는다는 건 어떤 의미일까요?

"과거는 지난 일이니까 별수 없어. 하지만 미래가 넓게 열려 있잖아"라고 흔히 말합니다. 하지만 이렇게 생각하는 사람에게 미래는 과거의 연장에 지나지 않고, 따라서 유감스럽게도 아무것도 바뀌지 않습니다. 왜냐하면 그런 사람은 타자에 의존하는 경향이 있기 때문입니다. 막연하게 미래에 좋은 일이 생길 것 같다는 기분을 느껴 목표도 세우지 않고 그 목표를 실현하기 위해 열심히 노력하지도 않기 때문입니다.

이렇게 미래에 목표를 정하고 그 목표를 향해서 행동하지 않는 사람에게는 타성에 빠진 과거와 과거의 연장으로서 미래가 존재할 뿐입니다.

2. 끝이 보이면 인생은 더욱 풍요로워진다

'인생의 끝' 또는 '만년' 이라는 말을 들으면 불길함이 느껴지나요? 인생의 끝은 곧 죽음을 말하고, 이는 사람들이 가장 두려워하는 시점입니다. 가능하다면 죽음은 피하고 싶다는 것이 인지상정 아닐까요?

그러나 사람은 반드시 죽습니다. 이것을 어떻게 받아들이느냐에 따라서 당신의 인생은 풍요로워지기도 하고 비참해지기도 합니다. '죽음은 싫으니 어떻게든 피하자' 라고 긴장하거나 '사람은 모두 죽는 법이니…' 라고 허무하게 생각할 필요는 없습니다.

죽음이 반드시 찾아오는 것이라면 당당히 받아들이면 됩니다. 정면으로 받아들이는 구체적인 방법이 '인생만년계획' 을 구축하는 것입니다. 구체적으로는 그 시기에 대해 인생의 여덟 가지 영역에서 확실하게 계획을 세우는 것입니다. 당신의 빛나는 미래에서 8개의 로프를 현재까지 연장하고, 또 인생의 여덟 가지 영역이라는 8개의 로프를 만다라차트 사고로 끌어당기는 것으로 인생이 멋진 마무리를 하게 되는 것입니다.

사전에 인생만년계획을 세우면 죽음을 맞이하는 순간에 낭패를 보는 일도 없습니다. 기력·체력·능력이 충분한 '지금'의 당신이 계획을 세우기 때문입니다.

그렇다면 어떻게 계획하면 좋을까요? 여기에 인생만년의 여덟 가지 영역에 대한 포인트가 있습니다.

먼저, 가정 영역에서 시작합니다.

당신은 이미 올해 인생계획을 세웠을 것입니다. 올해 인생계획의 가정 영역에 초점을 맞춥니다. '사랑하는 사람'이 당신의 마지막 순간에도 존재한다는 전제로, 당신이 세상을 떠날 때 그들과 마지막 대화를 나누는 풍경을 떠올려보세요.

그때 마지막 대화를 나누는 사람들에게 할 '감사의 말'을 적어두는 것입니다.

예를 들면, "○○ 씨, 오랜 시간 저를 지켜봐 주셔서 감사합니다"라고 할 수 있습니다. 지금 관련이 있는 사람에게 당신이 임종할 때 전하고 싶은 감사 인사를 준비해두는 것입니다. 즉 부모나 배우자, 자식, 친구 등에게 하는 말입니다.

이 가족 영역의 계획을 세우면, 뇌는 현명하기 때문에 곧바로 당신과 관련 대상이 되는 사람과 좋은 관계를 유지해야 한다고 생각하고 그들과 더 좋은 관계를 유지하기 위해서 행동을 개시합니다. 왜냐하면 그 사람들은 당신이 임종할 때 곁에 있을 사람이기 때문입니다.

이렇게 생각하면 건강 영역부터 유희 영역까지 한 가지도 무심하게 지나칠 수 없겠죠. 당연히 각 영역에 대해 구체적인 방법을 구축하게 됩니다.

어차피 죽으니까 '건강 따위' 상관없다고 말하는 사람은 없을 것입니다. 사랑하는 사람들을 머리맡에 모아놓고 감사 인사를 전하기 위해서는 체력·기력도 충실할 필요가 있기 때문입니다.

일에서는 이미 은퇴했을 것이므로 비즈니스 영역에서는 적을 것이 없을 수도 있습니다. 그것으로 충분합니다. 현재의 당신이 인생만년에 일어날 일을 파악하고, 어떻게 할지를 계획해두기만 하면 됩니다.

이렇게 하여 인생백년계획 중 인생만년계획이 완성되었다면, 다음에는 현재의 건강 영역, 비즈니스 영역 등에서 미래 계획을 세워나갑니다. 올해, 내년, 5년 후, 10년 후, 20년 후에 인생의 여덟 가지 영역이 반짝반짝 빛나도록 말입니다.

당신의 인생과 비즈니스가 멋지고 충만해져 당신은 한 걸음 한 걸음 풍요로운 경지로 나아갈 것입니다.

인생백년계획으로
새로운 당신을 발견할 수 있다

인생만년계획을 모두 세웠다면 남은 계획을 세웁시다.

인생백년계획에는 두 가지 유형이 있습니다. 첫 번째 유형은 탄생부터 현재까지, 그리고 미래의 계획으로 과거·현재·미래형으로 만드는 것입니다. 두 번째 유형은 현재를 기점으로 하여 지금부터 앞으로의 인생백년계획을 구축하는 것입니다.

여기에서는 탄생부터 시작하는 과거·현재·미래의 기본형 인생백년계획을 작성해보겠습니다(〈그림 27〉 참조). 이 차트는 64칸형으로 MY 차트 B형이라고 부르는데, 9칸을 더욱 확대한 것으로 복잡하고 데이터가 많은 사람에게 유효합니다.

우선 한가운데에 당신의 이름과 생년월일을 기입하세요.

다음으로 A 영역의 유소년기로 이동합니다. '과거·현재·미래'의 난 중 '과거'를 원 안에 적어넣습니다. 지금 이 책을 읽고 있는 사람 중에 9살 이하는 없을 것이라고 생각되는군요. 과거를 떠올려가며 기입합니다.

1의 건강 영역부터 시작합니다.

유소년기에 건강은 어땠습니까? 우량아로 상을 받은 기억이 있습니까? 또는 병으로 입원한 기억이 있습니까? 태어나서부터 9

살, 즉 초등학교 3학년 때까지의 건강에 관한 기억을 생각나는 대로 적습니다.

초등학교 3학년 때까지이기 때문에 비즈니스 영역에서는 적을 게 없겠지요? 여기에는 부모님 또는 보호자의 일을 기입하면 됩니다. 부모님의 일을 도운 경험이 있는 사람은 그것을 써도 상관없습니다.

경제 영역 역시 9살짜리가 수입이 있어서 생계를 꾸린 일은 없을 테니 세뱃돈 등 어느 정도의 저금이 있었는지 등을 적으면 됩니다. 그것과 당신의 환경에 있었던 사람이 경제적으로 윤택했는지, 보통이었는지, 힘든 상황이었는지를 생각해서 기입해도 좋습니다. 유소년기부터 계속해서 돈 때문에 고통을 겪는 사람도 있고, 어려운 형편에서 성장해 윤택한 경제 환경을 획득한 사람도 있을 것입니다.

가정 영역에서는 생각나는 사람이 '무엇을 해주었나'를 적습니다.

사회 영역에서는 함께 놀았던 친구를 떠올리며 적습니다. 지금은 어디에 있는지 몰라도 유소년기에 자주 놀았던 친구는 마음속에 언제까지나 존재합니다. 클럽 활동 등도 했다면 적어넣습니다.

인격 영역에서는 당신의 그 시기 성격을 적습니다. 활달하고 적극적인 외향적 유형이었는지 소극적이고 내향적인 유형이었는지, 자유롭게 분석해서 적습니다. 이 성격은 자라면서 여러 번 바뀌지요.

학습 영역에서는 유소년기에 좋아했던 과목, 배운 것, 흥미를 가졌던 것, 열중했던 것 등을 기입합니다.

유희 영역에서는 그야말로 푹 빠져서 즐겼던 놀이를 써넣습니다.

이상으로 유소년기를 마쳤습니다. 써보면 알겠지만, 만다라차트에서 인생을 계획하면 전체와 부분의 관계를 명확하게 인식할 수 있고, 보통의 세로 또는 가로로 적은 문장에서는 상상도 할 수 없을 정도로 추억이 선명해집니다.

이와 같은 순서로 10대, 20대, 30대를 이어서 적습니다.

주의할 것은 자신의 세대, 예를 들어 현재 당신이 32살이라면 30대부터는 '현재'를 원 안에 넣고 30대 계획을 인생 여덟 가지 영역에 대해서 계획형으로 표현해야 한다는 것입니다. 이 경우 40대는 10년 후의 일이 되죠. 그러므로 '40대'에서는 '미래'를 원 안에 넣고 10년 후 인생 여덟 가지 영역에 대한 구상을 합니다.

인생백년계획을 완성하고 나면 당신은 큰 재산을 얻은 듯 뿌듯함을 느끼게 될 것입니다. 왜냐하면 이 차트 안에는 당신의 잠재의식 안에 축적된 멋진 보물이 숨겨져 있고, 그것이 조금씩 열리기 때문입니다.

여기서 잠깐! 다음 페이지부터는 당신의 인생백년계획을 완성

| 그림 27 | **인생백년계획**

(만다라차트 실천법)

하고 난 후에 읽기 바랍니다. 여기서 잠시 책을 덮고, 계획을 완성한 후에 다시 펼치세요.

· · ·

당신의 인생백년계획을 완성하셨나요? 소감이 어떻습니까?

과거는 어떻게든 생각해냈지만 앞으로 10년 후, 20년 후는 계획하기 어려웠다는 사람도 있을 것입니다. 거꾸로, 미래는 쉽게 계획할 수 있었지만 과거는 도무지 되돌아볼 수 없었다는 사람도 있을 것입니다. 저마다 자신만의 감상을 느꼈으리라 생각합니다.

다만, 누구나 미래의 일에 대해서는 막연함을 느끼는 게 당연하겠지요. 앞일이 어떻게 될지 모른다는 분을 위해서 한 가지 힌트를 드리겠습니다.

자녀가 있는 사람이라면 자녀를 중심으로 한번 생각해보는 것입니다. 10년이 지나면 아이는 분명 10살을 더 먹습니다. 지금 아이가 초등학생이라면 10년이 지나 사회인이 되어 있거나 대학에 다니고 있겠지요. 이렇게 생각하면 미래는 불확실한 것이 아니라 필연적인 것임을 알 수 있지 않나요?

조금 더 구체적으로 설명하겠습니다.

10년 단위로 세운 인생백년계획에서 먼저 비즈니스 영역만을 따로 빼 '유소년기, 10대, 20대, 30대, 40대…' 식으로 회오리를 치듯이 오른쪽으로 돌려서 그립니다. 그러다 보면 당신의 일에 대한 스토리가 떠오를 것입니다.

이 방법으로 인생 여덟 가지 영역 모두에 회오리를 그립니다. 여덟 가지 영역 각각을 유소년기부터 100살까지 인식하면, 현재의식으로는 생각할 수 없었던 부분을 추가할 수 있게 됩니다. 이것이 뇌의 심층심리를 현재의식으로 표현할 수 있는, 만다라차트만의 표현법입니다.

인생 여덟 가지 영역에 이 방법을 적용하면, '이 영역은 좀더 구체적으로 적어넣고 싶다' 같은 생각이 떠오를 것입니다. 적극적으로 계획을 추가해 당신의 마음속 모든 것을 표현하기 바랍니다.

사람은 자신이 인식한 것만 본다고 합니다. 누구나 자신의 인식 수준에서 세계를 보는 거지요. 그러니 최대한 자세히 적고자 노력하십시오. 그러면 당신의 제8번 마음인 '저장'의 문이 열리고, 풍요로운 인생과 비즈니스를 실현할 아이디어와 사고방식이 출력됩니다.

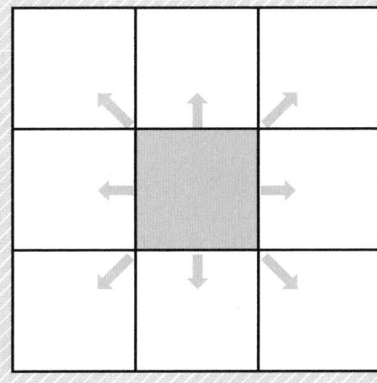

제9장

나의 만다라차트
비즈니스 수첩

나의 인생계획: 나카지마 마사오

만다라차트 비즈니스 수첩을 사용한 지 5년이 되었습니다. 그때까지는 편하게 사용할 만한 좋은 수첩이 없었기 때문에 해마다 연말이 되면 수첩을 고르는 게 하나의 과제처럼 여겨졌습니다. 그런데 이 수첩을 사용하고부터는 수첩을 고르느라 고민할 일이 없어졌습니다.

새로운 수첩을 가지고 항상 처음 하는 작업은 제일 앞에 있는 '나의 인생계획' 만다라차트를 완성하는 것입니다. 이 만다라차트가 이끄는 대로 생각한 바를 문자로 바꾸어 정리하면, 올해의 목표·사명이 명확해집니다.

이 작업은 매우 중요하다고 생각합니다. 나는 완성된 인생계획 만다라차트를 보면 항상 만족감과 상쾌함으로 가득 차서 '올해도 열심히 하자'라는 생각이 듭니다.

나는 만다라차트 비즈니스 수첩으로 행동이 바뀌었다고 생각합니다. 내가 지금 무엇을 해야 할지를 항상 수첩이 가르쳐줍니다.

– 나카지마 마사오(中島正雄), 주식회사 컴퓨터리브(コンピュータリブ), 홈페이지 제작

| 그림 28 | 나의 인생계획

◆ 기입 순서 ☞ ① 중앙에 좌우명 ② A부터 H까지 여덟 가지 영역 기입

F 인격	E 경제	G 학습	나의 연간중점계획

• 밝게, 즐겁게, 힘차게
• 회사에 일찍 가기
• 정리, 정돈,
  물건 버리기
• 사장님 보고 배우기
	• 낭비하지 않기
	• 충동구매하지 않기
	• 대출금 변제
	• 카드 줄이기
		• 홈페이지 전반
		• 영어(자막 없이
		  동영상 보기)
		• 팀 이론
			1월
			• 경영계획

			2월 • 결산
			3월 • 경영계획 완료 • 소타와 미국
			4월 • 타쿠야 생일
B 비즈니스	올해의 목표·사명	D 가정	5월

• CPL 납세하기
• 경영지침 만들기
• 지금 하고 있는 일에
  매진하기
• 달성하기 위한 수단
  → 목표 → 정량적
	• 밝게, 즐겁게, 힘차게
	• 좋은 일은 반드시
	  생긴다
		• 구미코 → 돕기, 일찍
		  귀가
		• 소고 → 미국
		• 타쿠야 → 여러 가지
		• 도모 → 유치원
		• 어머니 → 성묘
			6월
			• 도모 생일

			7월 • 가족여행
			8월
E 사회	A 건강	H 여가	9월 • 스피드 스케이트 대회 • 아내 생일

• 미니 농구 코치 돕기
  → 현 대회에 출장
• 지역공헌
• 청소년 지도원
	• 10kg 다이어트
	  주 1회 운동
	• 2일에 1회 달리기
		• 가족 행사를 만든다
		• 여름휴가 가족여행
		• 스피드 스케이트
		  대회
		• 아이들과 스피드
		  스케이트를 탄다
			10월
			• 결혼기념일(13)

			11월 • YG 생일
			12월 • 윈터컵

제9장 나의 만다라차트 비즈니스 수첩

나의 만다라차트: 아카즈카 요시히데

만다라차트에 적은 강연회·세미나 기록을 보면, 지나간 기억이 선명하게 되살아납니다. 리포트 용지에 나열한 메모는 장황하게 찍은 비디오테이프 같아서 어디에 무엇이 있는지 모르게 됩니다.

만다라차트에 적은 메모는 디지털같이 그 시공간으로 즉시 마음을 옮겨줍니다. 작은 제목, 주제까지 이상하게도 적는 것에 쾌감을 느낍니다. 칸 밖의 메모도 살아 있는 것 같습니다.

보이지 않는 힘을 불끈 느끼게 해주는 만다라차트, 고맙습니다! 그리고 한 가지, 이 수첩을 사용하시는 분이라면 0.3밀리 파란색 펜을 추천합니다.

— 아카즈카 요시히데(赤塚仁英), 아카즈카건설주식회사, 건설업

| 그림 29 | MY 만다라차트

F 플레인 트레이닝	C 플러스 이미지로 전환	G 근성이란 마음이다	● 메모란
• 피그말리온 미팅 • 나쁜 일이 일어났다 → 마이너스 자신에게 도움이 되는 말로 말을 건다. • 본능반사 영역 = 두렵다! • 축적된 부정적 데이터 • 적극적인 고민 후 한층 성장함 • 할 수 있다고 생각하지 못하는 뇌 • 생각하지 못한다 → 생각하는 연습 • 능력은 한 걸음씩 성장 하는 것이 아니라 단번에 성장한다,	• 변명보다 '운이 좋다'로 참는다, • 감정-뇌의 다른 곳을 사용한다. • 좋지 않은 이미지를 곧바로 전환한다. • 방심은 큰 적이 아니지만 불만은 큰 적이다. • 3초 만에 플러스 이미지로 • 생각이 나중에 따라온다 • 화내는 아내(마녀 할멈 ×) • 고맙네, 몸 건강 생각해줘서	• 에자키 서울올림픽 은메달 • 도움을 준 사람들의 메달 • 만남 덕분에 지금이 있다 • 어머니를 기쁘게 하고 싶다…. 그 순간 정말로 세계 최고가 될 거라고 결심했다. • 근성 = 아무렇지 않은 마음. 끈기의 마음, 강한 오기의 마음.	'기회는 걸어서 찾으러 간다.' 인생에서 힘든 일은 한 번뿐

B 인맥의 씨를 뿌리자	테마 운이 좋은 뇌로!	D 플러스 행동	
• 할 수 있는 사람 = 돈을 잘 모으는 사람 • 성취한 사람(인생, 생계) = 인맥관리를 잘 하는 사람 • 거두어들이는 것이 아니라 씨를 뿌릴 것. • 자신의 매니지먼트 • 자신에게 깨닫는다. • 감정 컨트롤 • 인맥의 씨를 뿌려 기른다. • 인맥=뇌의 기억데이터 • 자기 단점에 자신을 가지면 최고의 장점이 된다.	• 운이 좋은 뇌로 바꾼다. • 누군가를 기쁘게 하고 싶어서 설렙니까? • 솔직히 지기 싫어하는 사람이 된다. • 불만은 큰 적 • 지지 않기 위해서가 아니라 이기기 위한 연습 • '믿어준 것'	• 성공은 긍정적인 감정이 있을 때만 가능하다. • 150억 개의 뇌 신경세포 • 평생 전부 쓸 수 없는 재산 • 1일 7만 회 이상 무의식 판단 • 컨디션이 좋지 않을 땐 '생각하지 마' • 플러스 행위 → 플러스 뇌 '플러스 감정' • 기억 데이터의 무의식 • 외측 뇌에서 내측 뇌로 '거짓말' 전송	

E 자신을 깨닫지 못하는 자신	A 좋음!의 레벨	H 삼기법(三氣法)으로 근성을 만든다	
• 자기방어 본능: 실패 공포 • 자잘한 상식 깨부수다 • 긍정적으로 착각하는 사람 • 부정적으로 착각하는 사람 • 웃는다 → 플러스 동작 • 이미지 트레이닝	• 집 전화번호를 외울 수 있다. • 돈이 (정말로) 좋다. → 억만장자가 된다. • 열심히 하고 있는 사람 중에 열심히 하는 사람 한 명도 없다. • 운이 있는 사람과만 교제한다. • 운이 있는 사람과 교제하면 전해진다. • 사람을 고르는 기준이 '운이 있는지 없는지'	• 한 번 더, 몇 번이나 기를 모은다. • 감사한다. 마음의 지탱, 솔직함. 존경, 마음을 가라앉힌다. • 기를 연마한다. • 적극적인 고민, 완벽주의, 지기 싫어함 • 기를 다잡다. • 강한 마음으로 생각한다, 이긴다! 한다! • 결단, 결정, 마음을 고양한다. • 근성은 기(氣)다.	

제9장 나의 만다라차트 비즈니스 수첩

나의 만다라차트: 오타 가쓰히사

내가 만다라차트 수첩과 만난 것은 2003년 1월 마츠무라 선생님의 세미나에 참가했을 때입니다. 직감적으로 이 수첩은 훌륭하다고 느꼈습니다.

나는 내 인생의 목적, 관계, 역할, 목표, 계획을 '개선(5S)' 할 수 있는 수첩을 찾고 있었습니다. 만다라 구조의 수첩은 인생과 비즈니스의 5S가 가능합니다.

> 1S(정리) = 분별: 필요한 것과 버릴 것을 나누는 것
>
> 2S(정돈) = 명시: 필요한 것이 어디에 있는지 명시하는 것
>
> 3S(청소) = 행동: 스스로 실천하는 것
>
> 4S(청결) = 유지: 위에 적은 3S가 제대로 이루어진 상태로 유지하는 것
>
> 5S(가르침) = 습관: 지시·명령·규칙이 아니라 습관으로 몸에 익히는 것

만다라차트 수첩이라면 몸에 지니고 다니며 1S(정리), 2S(정돈), 3S(청소), 4S(청결)를 반복할 수 있습니다. 그리고 자신의 인생 목적, 관계·역할, 목표·계획을 끊임없이 체크할 수 있습니다. 만다라차트 비즈니스 수첩을 반복해 봄으로써 중요한 것, 본질적인 것을 반추하고 두뇌에 이미지를 깊게 새길 수 있습니다. 단순한

| 그림 30 | **MY 만다라차트**

F		C	〈3S 청소〉	G	
	역할		행동		목표
B	〈2S 정돈〉	테마	〈5S 가르침〉	D	〈4S 청결〉
	명시		만다라차트 수첩을 통한 습관, 목적 실현		유지
E		A	〈1S 정리〉	H	
	관계		분별		계획

● 메모란

'보다'에서 '관찰하다'로 마음의 눈을 뜨고 잠재의식까지 깊이 정착시켜서 좋은 습관을 만들어냅니다. 그럼으로써 인생을 개선할 수 있습니다. 지금은 20명 정도가 모여 만다라차트수첩연구회를 결성하고 수첩 활용법 등을 연구하고 있습니다.

— 오타 가쓰히사(太田勝久), 오타종합법률사무소, 변호사

나의 비즈니스계획: 고메다 쓰기오

1. **MY 만다라차트 작성 동기**

   9년 전부터 활용해왔다. 사원을 가장 신뢰할 수 있는 파트너로 생각하고 고차원의 경영을 지향해 함께 성장한다는 뜻인 '공육(共育)적 인간관계'를 구축하고, 사내 연대 강화를 포함한 회사 전체의 경쟁력 향상을 목적으로 하고 있다.

2. **MY 만다라차트로 비즈니스계획을 세우는 이점과 효과**

   매일의 일에 의욕을 느끼게 됐고, 개인과 회사 전체의 경쟁력이 향상되었다. 사내 연대가 강화되어 사내 상황과 사업 성공률도 좋아지고 달성했을 때의 만족감도 커졌다.

3. **매출, 이익, 자금 계획에 MY 만다라차트를 활용할 때의 장점**

   목표가 명확해지고 개인·부서·회사가 공유함으로써 경영에 대한 참여의식이 높아진다. 또한 낭비나 갑작스러운 변경, 무리한 추진 같은 상황이 발생하지 않는다. 자금 계획도 단기, 장기가 모두 파악되고 차입금 변제 등에 따른 불안도 해소된다. 은행 등에서 신용도가 높아지고, 이는 회사의 안심·안전·안정으로 이어진다.

   – 고메다 쓰기오(米田次男), 주식회사 모리야(森屋), 식품 도매

| 그림 29 | 나의 비즈니스계획

◆ 기입 순서 ☞ ① 중앙에 좌우명 ② A부터 H까지 여덟 가지 영역 기입

F	재무계획	C	인재 육성과 사원 만족	G	부문별 방침		나의 연간중점계획
① 부문별 손익관리 영업은 한 명당 영업 이익을 기반으로 매 상, 총이익, 경비 설정 ② 경영이익률 8% 이 상 확보 ③ 불량채권 방지, 신규 거래처 사전조사 ④ 경상흑자 확보		① 적극적인 외부연수 ② 회사원이 MY 만다 라차트를 작성하고 목표면접제도와 연계 ③ 사원능력 개발 육 성, 승진, 승격, 이동 ④ 신 임금제도 ⑤ 젊은 세대 육성 ⑥ 퇴직금 규정 재고		① 시내영업 1과 - 매상목표 달성 - 목표면접제도 철저 ② 시내영업 2과 - 매상목표 달성 - 신규 단골거래처 개척 10건 ③ 자재부 자재 비용 다운 ④ 경리·총무과 목표면접제도 추진		1월 • 신년회
							2월 • 중간 재고조사
							3월
							4월 • 임원 MY 만다라차 트 입력 개시 • 담당별, 단골거래처 별 목표 산출
B	경영이념		올해의 비즈니스계획	D	판매계획과 시장전략		5월 • 연말연시 감사선물 리스트 • 기말목표 면담 개시 • 간부 MY 만다라차 트 입력 개시
① 고객제일 고객의 희망사항을 듣고 신제품 개발 ② 일하는 보람 사원의 보다 나은 생 활환경을 조성하고 꿈 실현 ③ 사회공헌 한 사람 한 사람의 능력향상과 지역, 관 계자의 발전에 공헌		• '가치 있는 목적'을 가질 때 '가치 있는 인생'이 된다. • 이상 없는 사람은 신 념 없음 • 신념 없는 사람은 목 표 없음 • 목표 없는 사람은 계 획 없음 • 계획 없는 사람은 실 천 없음 • 실천 없는 사람은 행 복 없음		① 고객 만족과 장사의 기본 신용담보는 인격 ② 신규 고객 개척의식 개혁 ③ CP시스템 도입, 전원이 유효하게 활용 ④ 클레임 처리 클레임은 하늘의 소 리, 재발방지매뉴얼 작성 ⑤ 장기 외상대금 회수		6월 • 기말 재고조사 • 예산 확정 • 상여자 과표
							7월 • 경영계획발표회 • 신 목표 면담 • 상여 지급
E	매입방침과 상품 개발	A	이번 분기 이익계획	H	장기 비전, 3년 후 바람직한 모습		8월 • 추석
① 비용 다운 매입 비용 다운 ② 매입지불 사이트 단축 ③ 매입처 개척 ④ 연 2회 실시 재고조 사, 진부한 상품 신 속처리 ⑤ 타사와의 차별화 상품		목표이익 ① 매상 ② 총이익 ③ 총이익률 ④ 영업이익		경영자의 자세 ① 돈을 빌려주지 않 는다. ② 역할을 맡지 않는다. ③ 헛된 이익을 좇지 않 는다. ④ 도장 찍지 않는다. ⑤ 가게는 빌려 쓰는 물건		9월
							10월 • 간부 일반 중간 면담
							11월 • 연말연시 선물리스 트 작성 • 상여 과표
							12월 • 정월 상품 확인회의 • 상여 지급

제9장 나의 만다라차트 비즈니스 수첩

나의 비즈니스계획: 야마자키 후미요

만다라차트 비즈니스 수첩을 사용한 지 2년째입니다.
이전에는 일이 끝나지 않으면 다음 일을 시작할 수 없다는 직선적 사고에 갇혀 있었습니다. 이 수첩을 사용함으로써 우리는 모두 상호 의존하는 관계임을 알게 되었습니다. 무한한 가능성과 발상의 자유를 손에 넣었고, 비즈니스 범위를 넓혔으며, 자신을 중심에 둠으로써 자신을 소중히 여기는 의식과 고객을 더욱 소중히 생각하는 마음이 생겼습니다.

단순히 'To-Do 리스트'를 기입하는 것이 아니라 목표와 얻고 싶은 결과, 깨달은 것을 적어넣을 수 있습니다. 한눈에 전체를 조망할 수 있다는 점도 마음에 듭니다.

저는 일간실천계획 차트를 사용해 고객의 문제 해결에도 도움을 주고 있습니다. 지금은 전 사원이 이 수첩을 사용하고 있으며, 경영이념을 공유하면서 계획을 실행하고 있습니다.

– 야마자키 후미요(山崎二三代), 주식회사 비전경영시스템, 경영·재무 컨설팅

| 그림 30 | **2006 나의 인생(역할)계획**

◆ 기입 순서 ☞ ① 중앙에 좌우명 ② A부터 H까지 여덟 가지 영역 기입

F	마케팅	C	이번 분기 사장방침	G	경영관리회의체계	나의 연간중점계획	
① 인터넷을 통한 확장 ② 출판·브랜딩 ③ 소개제도·보증제도 ④ 회원제도 ⑤ 캐치 카피 ⑥ 뉴스레터 발행 ⑦ 개별 컨설턴트 ⑧ 세미나		① 브랜드 전략 ② 상품 설정과 가격설정 ③ 마케팅시스템 작성 ④ 단어 바꾸기 ⑤ 회원제도 도입 ⑥ 조직 만들기 ⑦ 네트워크 만들기 ⑧ 각자 퍼포먼스 전개		① 매일 아침 20분 마케팅 회의 ② 필요에 따라서 저녁 6시 마케팅 회의 ③ 매월 둘째 토요일 세무지식 스터디모임 ④ 경영계획 합숙 ⑤ 경영계획발표회	1월 • 경영계획발표회	
						2월	
						3월 • 경영계획 3일간 세미나	
						4월	
B	중기, 단기계획		올해의 비즈니스계획	D	이번 분기 조직계획	5월 • 경영계획 3일간 세미나	
①10년 후 매상 ○억 엔 ② 3년 후 매상 ~억 엔 ③ 올해 매상 ~억 엔 ④ 일인당 생산성 ~백만엔을 목표로 한다		㈜ 비전경영시스템 제4기 대표 야마자키		• 아이하라; 컨설턴트, 재무 어드바이저 • 바바; 마케팅, 세미나 강사 • 치바; 결산신고 담당 • 이토; 심사 담당 • 에노키; 총무, 자료 담당		6월	
						7월 • 경영계획 3일간 세미나	
						8월 • 경영계획 3일간 세미나	
E	인재 육성계획	A	경영이념	H	3년 후 나의 회사	9월	
①각종 세미나 참가 ②세미나 수강 후 공유할 내용 링크		①직원이 경제적 자유인이 되기 위해 밝고 즐겁고 자유로운 근무처로 만든다. ②고객의 비즈니스가 번성하도록 항상 고민한다. ③회계전문가로서뿐만 아니라 고객에게 최선의 선택을 제안하고 평생의 친구가 된다.		• 우리의 모든 목표가 달성되었습니다. 감사합니다!		10월	
						11월	
						12월 • 경영계획 작성 합숙	

나의 월간기획계획: 다무라 가즈오

저는 '수첩 오타쿠'라는 소리를 들을 정도로 수첩을 매년 바꿨고, 그만큼 많은 수첩을 사용해보았습니다. 해마다 연말이 되면 서점과 문구점을 돌아보며 '수첩 찾기 여행'에 나섰습니다. 까다로운 수첩 고르기 30년! 많은 시행착오를 겪었지만, 끝내 이상적인 수첩은 찾지 못했습니다.

그러다 운명처럼 만다라차트 비즈니스 수첩을 만났습니다! '수첩 마니아'인 나는 그 훌륭함을 대번에 알아챘습니다. 대부분의 수첩은 일정관리·메모·DON'T FORGET·TO DO로 이뤄져 있는데, 만다라차트 비즈니스 수첩은 완전히 달랐습니다. 설날에 주고받는 말투를 빌려 '염원성취'라고 말하고 싶습니다!

'희망·꿈을 달성하기 위해서 매일을 보낸다.' 그렇게 하기 위한 일정 계획이 만다라차트 수첩의 '마음'입니다. 이런 수첩은 만다라차트 수첩밖에 없습니다. 물론 이전에도 없었고요. 연·월·주, 모두 '계획·목표'를 적게 되어 있습니다. 단순히 행동을 기록하는 '수동적 일정표'가 아니라 '능동적 일정표'입니다. 시간은 우선 자기중심적으로 사용한다, 시간은 자신을 위해서 있는 것이다, 우주의 중심에 자신이 있다 등이 만다라차트 사상입니다.

지금은 전 사원이 만다라차트 수첩을 사용하고 있습니다. 저희

회사의 소개로 전 사원이 이 수첩을 사용하는 기업이 계속 늘고 있습니다. 전 사원이 공통의 수첩을 사용하는 것은 회사 전체가 함께 꿈·목표를 이루어가는 첫걸음이라고 생각합니다.

행복한 인생·풍요로운 비즈니스에는 좋은 반려자가 필요합니다. 좋은 반려자란 좋은 아내와 좋은 수첩이죠! 이제 겨우 '수첩 찾기 여행'에서 해방된 것 같습니다.

– 다무라 가즈오(田村和雄), 주식회사 다무라건설, 건축 설계

나의 월간기획계획: 이노우에 다케시

세 가지 색깔의 볼펜으로 구분해가며 사용하고 있습니다. 왼쪽 날짜의 ○는 아침에 보았을 때, 오른쪽 날짜의 ○는 밤의 체크한 것으로 날마다 최소한 2번은 보고 있습니다.

약속 전후의 이동시간은 점선으로 기입합니다. 월간 일정 우측은 학습 항목 체크표입니다. 자격증 취득이라는 목표를 향해서 그 과목을 공부했는지를 체크합니다.

당시에는 체크 결과, 성과가 부진했기에 팔굽혀펴기를 한다는 벌칙을 스스로 추가했습니다.

후반에는 과제를 달성해 흐름을 타게 되었음을 알 수 있습니다. 달성 표시가 들어가면 동기가 부여돼 계속할 수 있습니다. 이처럼 월간을 펴놓고 들여다보면, 도전할 용기와 의욕이 샘솟습니다.

— 이노우에 다케시(井上武志), 주식회사 컴퓨터리브, 홈페이지 제작

나의 주간행동계획: 다케자와 노부유키

나에게 수첩이란 분신이고 사령탑이며 전우이자 나 자신이기도 합니다.

그만큼 소중한 수첩이기에 커버, 종이 질, 사이즈 등 모든 부분을 까다롭게 체크합니다. 만다라차트 비즈니스 수첩은 모든 점에서 만족스럽습니다. 마치 청바지처럼 쓰면 쓸수록 손이 착 감겨서 내려놓기가 아쉬울 정도입니다.

원래 악필인 데다 글씨를 크게 쓰는 편이어서 '기입하는 난이 조금 작네'라고 생각했습니다. 그런데 필요한 내용을 정리해가며 정성 들여 쓴 결과, 나중에도 읽을 수 있는 나의 인생 기록이 되었습니다.

수첩과 '만다라차트'를 병행해서 사용함으로써 이념과 의지, 장기 목표와 오늘이 하나로 연결된 듯한 느낌을 받았습니다.

기독교 문화인 서양식 수첩에서 느껴지던 위화감 없이 매일 차분한 마음으로 펼쳐볼 수 있는 것은 동양문화를 바탕으로 한 수첩이기 때문이겠지요. 앞으로도 매년 계속해서 소중히 사용할 생각입니다.

― 다케자와 노부유키(武沢信行), 메일 매거진 〈힘내세요 사장님!〉 발행자, 경영 컨설턴트

나의 주간행동계획: T · Y

◆ 만다라차트 구조가 매력적이라고 생각합니다. 목표가 한가운데에 있기 때문에 항상 그것을 의식해 행동계획을 작성할 수 있다는 점이 좋습니다.

◆ 이 수첩을 사용함으로써 공적으로 또 사적으로 목표 실현형 라이프 스타일로 바뀌었습니다. '비전을 가지고 계량화할 수 있는 구체적인 목표를 만들고, 목표를 달성하는 데 필요한 행동계획을 세우고, 행동을 취하고 결과를 반성한다.' CAPD를 매우 자연스럽게 실현할 수 있는 시스템으로 되어 있습니다.

◆ 효과가 있었던 일로 가정에서는 아이의 대학입시, 내 집 짓기, 체중과 체지방률 목표 달성 등이 있습니다. 일에서는 각종 시스템을 도입하는 프로젝트 관리에 전적으로 활용했습니다. 특히 계획 단계에서 만다라차트가 엄청난 활약을 했습니다.

◆ 위기에 처했을 때 부처님의 격언을 읽으면 저절로 해결되는 경우도 있었습니다.

◆ 인생과 비즈니스 균형을 한눈에 알 수 있도록 경영 · 재무 · 정보 · 사생활을 4색 볼펜으로 나누어 사용하고 있습니다. 이번 주 평가를 점수화해서 성과가 오르면 꽃그림으로 자신을 칭찬해줍니다.

◆ 지금까지의 수첩은 그저 비망록이었다고 생각합니다. 그에 비해 만다라차트 비즈니스 수첩은 명실상부한 인생계획서입니다.

– T · Y

나의 주간행동계획: 사토 히토시

목표 달성력이 비약적으로 향상되었습니다!

처음에 '이번 주 평가'란을 십자로 나누어 4개의 사분면을 만듭니다. 십자의 세로는 중요성, 가로는 긴급성을 나타내는 축입니다. 그런 다음 각각의 사분면에 점수를 배치합니다. 특히 '긴급하고 중요하지 않은' 목표가 '긴급하지 않고 중요한' 목표에 우선하는 경향 때문에 배점을 궁리했습니다. 다음으로 '이번 주 목표' 난에 적은 목표에 번호를 매기고, 그 번호를 앞의 사분면에 나누어 적습니다. 나는 '목표 달성력 = 목표 설정력 × 실행력'이라고 생각하기 때문에 실행 전 목표 설정 시에 목표마다 배점을 하고 그 주에 달성해야 하는 목표량을 수치화하는 것을 고심했습니다.

그다음은 실행하는 것뿐입니다. 달성된 목표는 O으로 표시하고 합계를 계산합니다. 예를 들어, '이번 주는 32포인트의 목표 설정에 대해 21포인트 달성할 수 있었다'라고 평가합니다.

만다라차트 비즈니스 수첩은 목표 설정 시에 가졌던 마음가짐 하나로 1주의 성과가 커지기도 하고 작아지기도 함을 깨닫게 해줍니다. 깊이 감사드립니다.

— 사토 히토시(佐藤等), 사토히토시공인회계사사무소, 공인회계사

에필로그

행동하면 꿈은 반드시 이루어진다!

우리는 잠시도 행동을 멈출 수 없습니다. 잠을 자는 동안에도 의식은 없지만 호흡을 하고 심장이 박동하는 등 한순간도 활동을 멈추지 않습니다. 게다가 꿈까지 꿉니다. 낮에 활동하는 것과 크게 다르지 않습니다. 이처럼 사람은 하루 24시간, 단 1초도 쉬지 않고 계속해서 행동합니다.

그 행동에 구체적인 동기를 부여하는 것이 오감에서 얻은 정보들입니다. 즉 눈으로 보는 시각, 코로 맡는 후각, 혀로 맛보는 미각, 피부의 접촉으로 느끼는 촉각 말입니다. 이들 정보에 의해 우리 뇌는 다양한 행동을 시작하고 우리에게 행동을 지시합니다. 조금이라도 방심하면 뇌의 일방적인 행동 명령에 따라 손발은 물론 사고까지 좌우되어 몽유병자처럼 되고 맙니다.

게다가 뇌는 우리에게 하나의 정보에서 다양한 연상을 일으킵니다. 뇌가 우리에게 많은 것을 생각하게 하는 것은 결코 나쁜 일이 아닙니다. 뇌는 당신이 태어난 이후의 기억, 아니 유사 이래의 기억을 보존하고 있습니다. 이는 뇌의 주인인 당신이 보다 풍요롭게 살 수 있도록 노하우를 계속 제공하고 있음을 의미합니다.

중요한 것은 당신이 '잠재적인 뇌'에서 얻은 풍부한 정보를 행동으로 연결할 수 있도록 현재적인 상황으로 정리·정돈하는 것입니다. 그러기 위해서 오감에서 얻은 정보를 바탕으로 뇌의 아카이브에서 발신하는 행동 정보를 재빨리 '5S'로 변환해야 합니다.

5S에 대해 한 번쯤은 들은 적이 있지 않습니까? 그렇습니다. 한때 '5S 운동'이 대세였죠. 5S는 정리(필요한 것과 필요 없는 것을 분별), 정돈(어디에 무엇이 있는지를 명시), 청소(스스로의 바른 행동), 청결(행동을 유지), 가르침(습관으로서 몸에 익힘)을 말합니다. 당신은 이것을 머릿속에서 짧은 시간 내에 바르게 처리하고 바르게 결단함으로써 바른 행동으로 지시해야 합니다.

그러나 당신의 뇌 안에서 일어나는 행동은 사회와 관련이 있습니다. 단순히 개인의 '마음속'에서 생긴 일로 끝낼 수 없다는 의미입니다. 행동이라는 '원인'을 당신의 주위에 마구 뿌리게 되는 것입니다. 그렇게 하면 당연히 원인과 결과의 법칙에 따라 '당신의 행동에서 나온 결과'가 현실화됩니다. 따라서 '마음의 5S'가 중요합니다. '마음'은 추상적인 것이어서 '5S' 화하기가 어렵습니다. 그래서 만다라차트 사고가 필요한 것입니다.

뇌가 문장형 문자보다 영상형 패턴을 인식하는 데 더 뛰어나다는 것은 뇌과학이 발달한 현재 일반적인 견해입니다. 이러한 뇌의 패턴 인식에 가장 적합한 것이 바로 만다라차트 사고입니다. 지금으로부터 1,200년도 더 전에 밝혀진 사실이죠.

그러나 일시적으로 '뇌 · 머리 · 두뇌'의 정리 · 정돈을 위해 만다라차트 사고를 활용한다면 크게 얻을 것이 없습니다. 계속해서 활용하고 습관화해야 합니다. 사람은 한순간도 행동하지 않고 존재할 수 없으므로, 그 모든 순간의 행동을 바르게 해야만 합니다. 그렇게 하는 데 만다라차트 사고가 든든한 안내자가 되어줄 것입니다. 만다라차트 사고를 바탕으로 한 인생계획, 비즈니스계획, 연간선행계획, 월간기획계획, 주간행동계획, 일간실천계획이 당신의 인생과 비즈니스를 더욱 풍요롭게 해주리라 확신합니다.

감사의 글

저는 40세에 독립한 후로 만다라차트 사고를 활용한 경영세미나를 실시하고 있습니다. 독립하기 전에는 오랫동안 외국계 기업에 다녔습니다. 날마다 새로운 사업으로 정신없던 생활에서 해방되었을 때, 그때까지 흥미를 느껴왔던 불교라는 것이 인생과 비즈니스를 풍요롭게 하는 시스템을 가지고 있음을 깨달았습니다. 이 '불교는 시스템이다'라는 생각을 형상화한 것이 'MY 만다라차트'입니다.

이후 MY 만다라차트는 경영자를 중심으로 많은 분에게 유익한 도구로 이용되어왔습니다. 만다라차트 비즈니스 수첩 역시 광고를 거의 하지 않았음에도 입소문만으로 20년 이상 큰 사랑을 받았습니다. "마음에 쏙 드는 수첩을 이제야 만났다"라며 꾸준히 사용해주신 분들 덕분이라고 생각합니다. 이 자리를 빌려 감사의 뜻을 표합니다.

그리고 이 책을 출판하는 데 큰 힘이 되어준 마츠오카 요코(松岡洋子)에게 진심으로 감사드립니다. 마지막으로 편집 단계에서 많은 조언을 해주신 포레스트출판 이나가와 사토시(稲川智士), 출판 기회를 주신 타다 히로시(太田宏) 사장님에게 감사드립니다.

마츠무라 야스오

만다라차트 수첩에 대한 찬사

- 오랜 기간 사용하면 목표 설정, 계획의 중요성을 통감합니다. 만다라차트 비즈니스 수첩은 간결하게 정리되어 있으며 잘 만들어졌습니다. — 50대, 남성
- 작년에 처음으로 사용했습니다. 덕분에 대부분의 목표를 달성했습니다. 올해도 더 큰 비약을 목표로 열심히 하겠습니다! — 30대, 남성
- 모든 것이 근원부터 끝까지 일직선에 있다고 생각해왔지만, 실은 원으로 되어 있어 끝나도 다시 시작하고, 또다시 반복한다는 것을 깨달았습니다. 만다라식의 파악방식, 사고방식은 대단한 무기가 되었습니다. — 40대, 남성
- 연속 5회째입니다. '눈에 보이는 뇌'로 활용하고 있습니다. 판단을 하기 위해, 정보를 간단히 정리하기 위해 항상 수첩을 폅니다. — 60대, 남성
- 6년 정도 사용하다가 2년간 다른 수첩을 사용한 후 다시 만났습니다. 3년 만의 재회에 감격스러울 따름입니다! 대폭 개선된 체크리스트, 결과 기호, 연필꽂이 등 여러모로 편리해졌다는 것이 저의 감상

입니다. 올해도 즐겁게 사용하겠습니다. Good!   – 60대, 남성

- 덕분에 연초에 세웠던 인생계획·비즈니스계획을 90퍼센트 이상 달성할 수 있었습니다. 내년에도 좋은 해로 만들고 싶다는 생각에 구입했습니다.   – 40대, 여성

- 어제 처음으로 접했습니다. 아직 익숙하진 않지만 어서 쓰고 싶다는 의욕이 불끈 솟습니다. 원래는 새해부터 쓸 생각이었지만, 연말인 지금이야말로 가장 필요하다고 생각해서 곧바로 바꿨습니다. 다음에도 또 사용하겠습니다!   – 익명

- 일원화 관리로 인생이 바뀔 것 같습니다. 감사합니다.   – 40대, 여성

- 항상 To-Do 리스트를 적고 나면 그것으로 끝이었는데, 이제 제대로 기록해 남길 수 있게 되어 기대하고 있습니다. 사원들에게도 나누어줌으로써 직원관리의 효율을 높이고 싶습니다.   – 30대, 남성

- 지금까지는 다른 수첩을 사용했지만, 만다라차트 수첩은 Very Good!입니다. 이 수첩을 가졌다는 사실만으로도 올해는 멋진 해가 되리라 확신합니다.   – 50대, 남성

- 하고 싶은 일, 해야 하는 일을 한눈에 볼 수 있어서 좋습니다. 특히 여러 일에 쫓겨서 정신없을 때 시간을 효율적으로 사용하도록 해줍니다. — 30대, 여성
- 만다라차트 수첩은 처음 사용합니다. 지금까지 수첩은 메모장으로만 사용했는데, 만다라차트 수첩을 통해 목표를 가지는 것의 중요성을 깨달았습니다. 정말로 눈이 확 뜨이는 기분이었습니다. 평생 사용하고 싶은 수첩입니다. — 익명
- 제가 찾고 있던 내비게이터를 발견한 느낌. 이것으로 인생역전에 망설임이 없어졌습니다. — 50대, 남성
- 이 수첩을 분신으로 활용한다는 생각에 마음이 설렙니다. — 30대, 남성
- 수첩을 좋아해서 지금까지 다양한 수첩을 사용했습니다. 내년부터 이 수첩을 사용해보려고 합니다. 아직 한 자도 적지 않았지만 흥미롭게 구성되어 있네요. — 60대, 남성
- 처음입니다. '뭔가가 있다!' 라는 직감에 따라 바로 실천했습니다. 다음과 같은 말로 소감을 피력하고 싶습니다. '열 가지를 보면 한

가지 것도 미루어 알 수 있다. 한 가지를 보면 열 가지 것도 미루어 알 수 있다.'
— 50대, 남성

- 지금까지 여러 가지 수첩을 사용했는데, 드디어 이 수첩에 정착할 것 같다는 생각이 듭니다. 그러나 아직 개선해야 할 점은 있다고 생각됩니다. 앞으로도 이 수첩을 계속 사용하고 싶도록 멋진 수첩을 계속 제공해주세요. 기대하고 있겠습니다. — 20대, 남성

- 이 수첩을 사용하고 목표 달성을 위해 행동하고 싶습니다. 이제야 겨우 제가 원하던 수첩을 만난 기분입니다. — 40대, 남성

- 오래간만에 의욕을 자극하는 수첩을 만났다! — 60대, 남성

- 이번에 처음 사용했습니다. 세미나에서 여러 가지 설명을 듣고 실제로 적용하기도 했습니다. 매우 의미 있는 수첩이라고 생각합니다. 저의 목표를 달성하는 데 적극적으로 활용하겠습니다. 멋진 수첩을 가지게 되어 대단히 의욕에 불타고 있습니다. 정말 감사합니다. 이 수첩을 만난 제가 행운아라고 생각합니다. — 30대, 남성

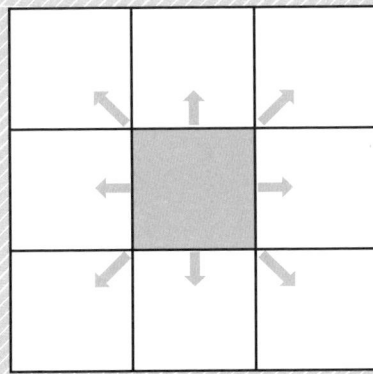

부록

- 나의 인생계획 PERSONAL PLANNING CHART
- 나의 비즈니스계획 BUSINESS PLANNING CHART
- 연간선행계획 YEAR PLANNER
- 월간기획계획 MONTHLY SCHEDULE
- 주간행동계획 ACTIVITIES THIS WEEK

나의 인생계획
PERSONAL PLANNING CHART

F 인격 Personal	C 경제 Finance	G 학습 Study	나의 연간 중점 계획
			1월
			2월
			3월
			4월
B 비즈니스 Business	올해의 목표 및 역할	D 가정 Home	5월
			6월
			7월
			8월
E 사회 Society	A 건강 Health	H 유희 Leisure	9월
			10월
			11월
			12월

나의 인생계획
PERSONAL PLANNING CHART

F 인격 Personal	C 경제 Finance	G 학습 Study	나의 연간 중점 계획
			1월
			2월
			3월
			4월
B 비즈니스 Business	올해의 목표 및 역할	D 가정 Home	5월
			6월
			7월
			8월
E 사회 Society	A 건강 Health	H 유희 Leisure	9월
			10월
			11월
			12월

나의 비즈니스계획
BUSINESS PLANNING CHART

F	C	G	나의 연간 중점 계획
			1월
			2월
			3월
			4월
B	올해의 비즈니스계획	D	5월
			6월
			7월
			8월
E	A	H	9월
			10월
			11월
			12월

나의 비즈니스계획
BUSINESS PLANNING CHART

F		C		G		나의 연간 중점 계획
						1월
						2월
						3월
						4월
B		올해의 비즈니스계획		D		5월
						6월
						7월
						8월
E		A		H		9월
						10월
						11월
						12월

연간선행계획
YEAR PLANNER

중점계획 월/요일	1 Jan	2 Feb	3 Mar	4 Apr	5 May	6 Jun
월						
화						
수						
목						
금						
토						
일						
월						
화						
수						
목						
금						
토						
일						
월						
화						
수						
목						
금						
토						
일						
월						
화						
수						
목						
금						
토						
일						
월						
화						
수						

연간선행계획
YEAR PLANNER

중점계획 월 요일	7 Jul	8 Aug	9 Sep	10 Oct	11 Nov	12 Dec
월						
화						
수						
목						
금						
토						
일						
월						
화						
수						
목						
금						
토						
일						
월						
화						
수						
목						
금						
토						
일						
월						
화						
수						
목						
금						
토						
일						
월						
화						
수						

월간기획계획
MONTHLY SCHEDULE 일정 우선

월간중점계획

Monthly Project							
A	B	C	D	E	F	G	H

월	요일	• 8 • 10 • 12 • 2 • 4 • 6 • 8 •

월간기획계획
MONTHLY SCHEDULE 일정 우선

월간중점계획

Monthly Project							
A	B	C	D	E	F	G	H

월	요일	•	8	•	10	•	12	•	2	•	4	•	6	•	8	•

(월) 주간행동계획
ACTIVITIES THIS WEEK

결과표시	V	달성
	→	진행중
	×	보류

일 (월) MON	일 (화) TUE	일 (수) WED	MEMO 이번주의 참신한 계획, 정보, 아이디어, 힌트
• 8 • 10 • 12 • 2 • 4 • 6 • 8 •	• 8 • 10 • 12 • 2 • 4 • 6 • 8 •	• 8 • 10 • 12 • 2 • 4 • 6 • 8 •	

일 (목) THU	올해의 목표 및 역할	결과	일 (금) FRI
• 8 • 10 • 12 • 2 • 4 • 6 • 8 •	1. 2. 3. 4. 5. 6. 7. 8.		• 8 • 10 • 12 • 2 • 4 • 6 • 8 •

일 (토) SAT	일 (일) SUN	금주의 평가 · 감상 · 대책
• 8 • 10 • 12 • 2 • 4 • 6 • 8 •	• 8 • 10 • 12 • 2 • 4 • 6 • 8 •	

(　월) 주간행동계획
ACTIVITIES THIS WEEK

결과표시		
V	달성	
→	진행중	
×	보류	

일 (월) MON	일 (화) TUE	일 (수) WED	MEMO 이번주의 참신한 계획, 정보, 아이디어, 힌트
• 8 • 10 • 12 • 2 • 4 • 6 • 8 •	• 8 • 10 • 12 • 2 • 4 • 6 • 8 •	• 8 • 10 • 12 • 2 • 4 • 6 • 8 •	

일 (목) THU	올해의 목표 및 역할	결과	일 (금) FRI
• 8 • 10 • 12 • 2 • 4 • 6 • 8 •	1. 2. 3. 4. 5. 6. 7. 8.		• 8 • 10 • 12 • 2 • 4 • 6 • 8 •

일 (토) SAT	일 (일) SUN	금주의 평가 · 감상 · 대책
• 8 • 10 • 12 • 2 • 4 • 6 • 8 •	• 8 • 10 • 12 • 2 • 4 • 6 • 8 •	

메이저리거의 꿈을 이룬 오타니 쇼헤이의 만다라차트 인생계획표

몸 관리	영양제 먹기	FSQ 90kg	인스텝 개선	몸통 강화	축을 흔들리지 않기	각도를 만든다	공을 위에서 던진다	손목 강화
유연성	몸 만들기	RSQ 130kg	릴리즈 포인트 안정	제구	불안정함을 없애기	힘 모으기	구위	하체 주도로
스태미나	가동력	식사 저녁 7수저 아침 3수저	하체 강화	몸을 열지 않기	멘탈 컨트롤 하기	볼을 앞에서 릴리즈	회전수 업	가동력
뚜렷한 목표, 목적을 가진다	일희일비 하지 않기	머리는 차갑게 심장은 뜨겁게	몸 만들기	제구	구위	축을 돌리기	하체 강화	체중 증가
핀치에 강하게	멘탈	분위기에 휩쓸리지 않기	멘탈	8구단 드래프트 1순위	스피드 160km/h	몸통 강화	스피드 160km/h	어깨주위 강화
마음의 파도를 만들지 말기	승리에 대한 집념	동료를 배려하는 마음	인간성	운	변화구	가동력	라이너 캐치볼	피칭을 늘리기
감성	사랑받는 사람	계획성	인사	쓰레기 줍기	방 청소	카운트볼 늘리기	포크볼 완성	슬라이더의 구위
배려	인간성	감사	물건을 소중히 쓰자	운	심판을 대하는 태도	늦게 낙차가 있는 커브	변화구	좌타자 결정구
예의	신뢰받는 사람	지속력	플러스 사고	응원받는 사람이 되자	책 읽기	직구와 같은 폼으로 던지기	스트라이크 에서 볼을 던지는 제구	거리를 이미지한다

※ FSQ, RSQ는 근육 트레이닝용 머신

인생을 바꾸는 9칸 적기
만다라차트 실천법

초판 1쇄 발행 2018년 11월 7일
초판 4쇄 발행 2024년 1월 7일

지은이 | 마츠무라 야스오
옮긴이 | 한원형 · 조혜숙
편집장 | 김민정
제　작 | 장천
기　획 | 서희경
마케팅 | 김형석
디자인 | 디자인현

펴낸곳 | 시사문화사
펴낸이 | 김성민
등록번호 | 1978년 4월 21일 제2-124호
전화 | 02-716-5465
팩스 | 0303-3446-5000
주소 | 서울시 마포구 토정로 222(신수동) 한국출판콘텐츠센터 422호
이메일 | sisa-identity@naver.com

한국어출판권 ⓒ 2018, 시사문화사
ISBN 978-89-7323-376-2　13190

- 이 책은 저작권법에 따라 보호 받는 저작물이므로 무단 전재와 복제를 금지하며,
  이 책 내용의 전부 또는 일부를 이용하려면 반드시 저작권자와 시사문화사의
  서면 동의를 받아야 합니다.
- 파손된 책은 구입하신 서점에서 교환해 드립니다.
- 이 도서의 국립중앙도서관 출판예정도서목록(CIP)은
  서지정보유통지원시스템 홈페이지(http://seoji.nl.go.kr)와
  국가자료공동목록시스템(http://www.nl.go.kr/kolisnet)에서 이용하실 수 있습니다.
  (CIP제어번호: CIP2018016693)